John de Grandisson, Herbert Edward Reynolds

Legenda Sanctorum

Vol. II - Part III

John de Grandisson, Herbert Edward Reynolds

Legenda Sanctorum
Vol. II - Part III

ISBN/EAN: 9783337243388

Printed in Europe, USA, Canada, Australia, Japan

Cover: Foto ©ninafisch / pixelio.de

More available books at **www.hansebooks.com**

Scī andree apli

In festo
scī nicholai epī 7 cōf lc j.

In festo concepcionis bē marie ūgīs.

In festo scē lucie ūgīs. lc pma

In festo scī thome apli.

In festo scī felicis epī 7 mīris

In festo scī
Mauri abbis. lc j.

In festo scī
Marcelli pape 7 mīris. lc j.

In festo scī sulpicii epī. lc pima.

In festo scē pris
ce ūgīs. lc pma.

De scō Wulstano epō lc. ulr tres.

In festo scōꝝ fabiani 7 sebast.

In festo scē agnetis ūg 7 mīr lc j.

In festo scī uincencii mīris. lc pma

In conuersione scī pauli. lectio pma

In natali scī iuliani epi 7 cōf

In festo scē agnetis secundo.
lectio prima.

In festo scē batildis re
gine lc j.

Ego J. de G. Ex. Wente . . . hunc librum istum cum p . . . suo . . . grana . .

Incipit tercia pars legende Sarum usus de scis: compilata p Johem de Grandissono epm. Sci andree apli de ei passione qm omes pbri ꝛ diaconi achaye scripserunt omibꝫ ecclis per orbem. lectio prima.

Proconsul egeas patras ciuitate ingressus: cepit compellere credentes in xpo ad sacrificia ydolorum. Cui occurrens beatus andreas: dixit. Oportet ut tu qui iudex hominum esse compbaris iudicem tuum qui in celis est cognoscere: et agnitum colere. ꝛ colendo: ab hiis qui non sunt dii. animum reuocares. Egeas dixit. Tu es andreas qui destruis templa deorum ꝛ psuades hominibus supsticiosam sectam: qm nup romani principes exterminari iusserunt. Andreas respondit. Romani principes nondum cognouerunt ueritatem: q pro salute hominum ueniens dei filius docuit ista ydola esse demonia pessima. Egeas dixit. Ista uba: uana sunt. Nam ihc uestrum dum hec pdicaret: iudei eum crucis patibulo affixerunt. Lectio ii.

Andreas respondit egee. O: si uelis scire misterium crucis. Egeas dixit. Misterium non potest dici: set supplicium. Andreas respondit. Ipsum supplicium misterium esse restauracionis humane: si paciente audias compbabis. Egeas dixit. Si tu me obtemperaueris non audias. ꝛ sacrificia diis offeras: in te crucis supplicium excipies. Andreas dixit. Omnipotenti deo: immaculatum cotidie agnum in ara crucis offero. Cuius carnem ꝛ sanguinem postquam comesta fuerit ꝛ bibitus: ipse tamen integer pmanet et uiuus. Ego enim si patibulum crucis ipsum expauescerem: crucis gloriam non pdicarem. Tunc indignatus egeas: iussit eum in carcerem retrudi. Ubi uenit ad eum multitudo tota fere puincie: ita ut egeam uellent occidere. ꝛ aplm liberare. Quos ipse compescuit: dicens. Nolite quietem dni ihu xpi in sedicionem excitare: ꝛ meum martirium impedire. Ueruntamen uos interpos spaṙate ut per tribulaciones temporales: ad eterna gaudia puenire. Lectio iii.

Hec ꝛ hiis similia beato andrea p totam noctem ipsum admonente: mane egeas iussit ꝛ adduci beatum sanctum aplm. Et sedens pro tribunali: dixit. Restauerent per te cultura deorum. Sin autem: crucis quam laudasti patibulo te affigi

LEGENDA SANCTORUM.

THE

PROPER LESSONS FOR SAINTS' DAYS

ACCORDING TO THE USE OF

EXETER;

WITH THE COMMON OF SAINTS;
THE LESSONS FOR THE COMMEMORATIONS OF THE APOSTLES
PETER AND PAUL;
AND CERTAIN LESSONS READ ONLY IN THE CHURCH OF EXETER.

COMPILED BY

JOHN DE GRANDISSON,

BISHOP,
1327.

VOL. II.—PART III.
FASCICULUS I.

December.
January.

EDITED BY

HERBERT EDWARD REYNOLDS, M.A.,
Priest Vicar and Librarian of Exeter Cathedral.

LONDON:
ELLIOT STOCK, 62, PATERNOSTER ROW.
1880.

Preface.

For introducing to public notice two MSS. as unique and singularly perfect as the Ordinale and Lectionaria of Bishop Grandisson no great apology will surely be required, if we consider the immense interest which has of late years been evinced for the liturgical monuments of the Church of England, and the encouraging manner in which the publications of the Surtees and other kindred societies have been received.

To such diligent and accurate scholars of mediæval worship as Dr. Rock, and the more recent exertions of Dr. Henderson, Canon Raine, the late Archdeacon Freeman, and Messrs. Proctor, Wordsworth, Dickinson, and Seager, not to mention a host of other enthusiastic students of sacred archæology—*e.g.*, Mackenzie Walcott—to such men the clergy and better-read laity of the Anglican Church owe it that a comparatively new branch of theological education has sprung up; nor does it appear at all improbable that the revival of antiquarian research into the uses and glories of our great ecclesiastical establishments in the days of their highest beauty and perfection, architectural as well as ceremonial, will have a very distinct influence upon those members of the Church whose objection to a more ornate, and, to say the least, decent and cheerful performance of Divine Service, is merely founded on the argument of disuse, and increased by an ignorance of the extraordinary mutilations, violent transitions, and successive revisions to which our Book of Common Prayer has been unmercifully subjected.

Mr. Chambers, in his exhaustive work on Divine Worship in England in the 13th and 14th Centuries, observes that "it is historically certain that at no period during the existence of the Church of Christ was Divine Worship and the Celebration of the Sacraments conducted with such impressive earnestness, reverence, decorum, and refined splendour as between the years of our Lord 1200 and 1400. The magnificence and variety of the material Temple was illustrated and corresponded to by equally noble and varying forms of devotion and ceremonial, which engaged the senses, as well as the mind and the affections, in the service of God, and represented in lively act the great Christian truths which the intellect had theoretically received."

If this be so—if in any sense it be desirable to restore to the services of the Church something of their pristine beauty, propriety, solemnity, significance, and devoutness—an intimate acquaintance with the more ancient forms of liturgical worship is undoubtedly indispensable to all who are proud to belong to a communion which, through all its vicissitudes and perils, has, blessed be God, preserved its distinguishing and saving characteristics intact, and is rising higher, day by day, in the affections of the nation.

Upon the peculiarities of the use of Exeter—and that it has its distinctive idiosyncrasies the above-mentioned writer sees every reason to believe—on these we purpose here to offer no remarks, reserving them rather for the publication of the Ordinale, which it is hoped will be completed in a few months. It may, however, be as well to say a few words of introduction with respect to the volume of Lessons, the first part of which is now for the first time published, and then to trace the alterations which have taken place at various times, from various causes, in the system by which Holy Scripture was read at Divine Service in association with Expositions, Homilies, and Lives of the Saints.

To the methodical reading of Holy Scripture, testimony is borne by such irrefragable authorities as Justin Martyr, Cassian (424), Chrysostom (398), the author of the Constitutions (325), S. Basil (370), Maximus Taurinensis (422), Cesarius Arelatensis (506): from the Canons of the Council of Laodicea (361), and the Third Council of Carthage (397), it is clear that all the books of the Old Testament, as well as of the New, were read in the Church. St. Austin and St. Chrysostom assure us that these were read by rule, with special reference to the season; while from Origen (230) and St. Ambrose (374) we learn that the Book of Job was specially selected for the penitential season of Lent.

We are, however, unable to hear of any Lectionary or Calendar of Lessons being compiled for the regular use of the Church until the year 450, when Claudianus Mamercus made one for the Church of Vienna; while Gennadius says that Museus arranged one for the Church of Marseilles. These are not discovered; Mabillon, however, published in 1685 Lectionarium Gallicanum, which he believed to be above a thousand years old, but written after the time of Gregory the Great, because it mentions the festival of Genoucfa, who is supposed to live after his time. As Bingham says: "Though we have no more ancient Kalendar now remaining, yet the Authorities before alledged do indisputably evince the Thing itself that the Lessons of Scripture were generally appropriated to Times and Seasons, according as the Festivals required, and for the rest they were either read in order as they lie in the Bible, as Mabillon shews from the rules of Cesarius and Aurelian, or else were arbitrarily appointed by the Bishops at discretion."

This discretion Grandisson seems to have exercised to some purpose after his installation at Exeter, "absque pompis et strepitu praeter Anglicanum ritum."

When in 1050 (by Royal Charter), at the request of Leofric, his former Chaplain, Edward the Confessor transferred the Episcopal See from the ancient market town of Kirton to the "fuzzy down" of Isca, the Bishop found in his new cathedral but eight Monks, whom he transplanted to Westminster, and a terrible scarcity of books, vestments, and other ecclesiastical requirements. This lamentable want he generously supplied in every department of his cathedral: besides crosses, vestments, batons for the rectors of the choir, and innumerable other church goods, he replaced the seven bells by thirteen, and the paltry supply of service books and general literature with noble munificence. Amongst these were the inevitable Boethius, Isidori Etymologiarum Liber, the Book of the Prophet Ezekiel, Unus Passionalis, Liber Prosperi, cum multis aliis; but specially, amongst the volumes for the use of his church, were named *duo estivales lectionum libri* (vulgo legendæ), in place of "duas pervetustas legendas vilissimas." We can only hope that before long equal provision was made for the winter season, and that when, 200 years after, Bishop Quivil (1257), at the Synod held in this Cathedral City, issued his visitation charge and inquired into the goods and chattels of the churches of his Diocese, he found his own Church of St. Peter well supplied in this particular; for, amongst the list of the ornaments of the church which were indispensable, we find "Missale bonum, Gradale toparium, Manuale bonum, *legenda*, antiphonale, psalteria, *ordinale*, venitare, ympnare, collectare." It is exceedingly interesting, then, to find what steps were taken to supply the deficiency (always supposing it to have existed at the date we refer to—that is, the end of the 13th Century), and to learn that by the year 1327, owing to the industry of the brethren of the Cathedral Church in the scriptorium and the munificence of the dignitaries, there was no lack of books for the due and orderly performance of Divine Service.

In the Inventory of Books, Vestments, and other goods and ornaments of the Church of the Blessed Peter of Exeter, made by that discreet man, Richard de Braylegh, Sub-Dean of the aforesaid church, and audited by Mr. Thomas de Hinton, Treasurer of the same church, "on the day of Mercury" next before the feast of the Nativity of the Blessed Virgin Mary, in the year of our Lord 1327, we find amongst the

Libri Wilhelmi Episcopi	£	s.	d.
Una Biblia in uno volumine 4 marcas			
Communis Liber Sanctorum de Usu Rotomagensi "Architectus"		10	
Unus Liber Sanctorum de eodem Usu in duobus voluminibus, quorum unum "Erit in novissimis" et aliud "Cum complerentur"	3		
Legenda Sanctorum : Stabat Iohannes	1	10	
Libri Bartholomei et de Bratton*			
Legenda Sanctorum in duobus voluminibus : quorum unum Stabat Iohannes et aliud Carissimis viris	4		
Legenda Sanctorum : Tempore quo Maximianus	1	10	
Legenda de Adventu sive Breviarium : **Erit in novissimis. 1 marca**			
Legenda bona de temporali : in duobus voluminibus de dono Bratton : quorum unum Visio **Ysaye** : et aliud : Facti.	3		
Libri Aluredi de Cerde			
Legenda de temporali in duobus voluminibus : quorum unum "Dicebat" et aliud "Visio Ysaye"	3		
Legenda Sanctorum. Post dominice	1	10	
Antiphonaria			
Legenda de Commemoracionibus Sanctorum que incipit "**Cum** duodecim"		6	8

In addition to those, we find some hundreds of volumes, of various value and varying donors, without and with gloss, comprising every canonical book, some of as little value as half a mark—*e.g.*, "Liber Sapiencie et Ecclesiastici in uno volumine glosato: 'Diligite iusticiam precii dimidii marce.'" We might add to the list "Legenda in uno quaterno de festo Sancti Gabrielis 12d.; Vetus Biblia de gracili litera 20s." And, amongst other things which were found or came to hand too late to be inserted in the Inventory, are—

* This Bratton, or Henry de Bratton, was collated Archdeacon of Barnstaple, 1263-4, which he resigned for the Chancellorship. Bratton's mass was celebrated originally by the annivellars just beneath the present screen of the choir. He is chiefly known by his learned work, "De legibus et consuetudinibus Angliæ." In 1244 he was made by Henry III. one of the itinerant judges. The aforesaid work was first printed 1569, folio; secondly, in 1640, after careful collation; one of the most authentic of his MSS. perished in the fire which consumed part of the Cotton Library, October 23, 1731. The last edition is now in the hands of Sir Travers Twiss.

"1 Legenda nondum posita inasseribus ! continens Temporale de Sarum :—

"1 Legenda Sanctorum nova per annum et altera de temporali de dono eiusdem Iohannis Episcopi.*

"3 Legende nove ! viz ! de Temporali et Sanctis:—

"Unum . . . . . 6 Lectionaria."

At the time that this Inventory was made, John de Grandisson was chaplain to the Pope, John XXII.; and not only one of his Privy Council, but also "his Nuntio or Ambassadore, in matters of great weight and importance, to the Emperor, to the Kings of Spain, France, England, and other the mightiest Princes of Christendome."

James Berkeye, who had succeeded Bishop Stapledon, having expired on June 24, 1327, Edward the Third is said to have interested himself for Thomas de Carleton, Canon of York; but the Canons of Exeter making choice of John de Godele, Dean of Wells, the King assented to his election, and restored the temporalities. (Britton, p. 35.) Grandisson, however, being of noble family and great favour, not merely as Archdeacon of Nottingham, but for his excellent services to the Papal Court, was consecrated at Avignon on the 18th of October in the same year, and, receiving the King's letters at York, was summoned to attend Parliament at Northampton after Easter. It is therefore obvious that, as Grandisson did not reach his Cathedral till long after the Inventory aforesaid was drawn up, that none of the Legenda bearing the name of Iohannes Episcopi could have been his gifts. It appears not improbable that John de Godele had ingratiated himself with the elective body of the Cathedral by numerous gifts, of which costly books would form no unimportant part, and that the circumstances on which they found their way into the capitular hands did not commend them to the mind of the new Bishop, whose aristocratic connections and exalted ideas of personal authority would ill brook any usage in his Cathedral which had not the immediate sanction of the Papal See. This is to be observed in the very commencement of his Ordinale, where he is careful to affirm that: "Et notandum est quod summi pontifices Urbanus quartus et Iohannes xxii. ! indulgentias centum dierum concesserunt omnibꝫ se devote inclinantibus quociens eius nomen ihū xp̄i recitatur in ecclesia."†

Such an assertion of episcopal autocracy in his own Cathedral was consistent with the stout determination which he manifested in resisting the attempted visitation of the Primate, Simon Mepham (1331), for when, on the appointed day, the Monday next after the Feast of the Ascension, the Archbishop came to Exeter, and proceeded to the Cathedral, he was met by the Bishop with an armed suite, and the doors of the church having been barricaded, he was obliged to depart, the censures which might justly have fallen upon himself and his clergy being averted by a special brief of the Sovereign Pontiff. Accordingly, in 1337,‡ on the 26th November, Bishop Grandisson visited his cathedral, and on that occasion, amongst other questions concerning the statutable duties of every dignitary and officer of the establishment, asked, in conclusion, as to the service books then in the possession of the Dean and Chapter.

"Item si ordinale et consuetudinarium sint perfecti ut erat per dn̄m et predecessores suos sub pena :—

* This Iohannes Episcopus may have been John, the chantor, consecrated 6th Oct., 1186.

† It is, however, to be observed that these names have been added by a later hand, contemporaneous with the restoration and re-insertion of the name of St. Thomas of Canterbury over erasures, made in 15[illegible].

‡ In this year the Ordinale was compiled, and "edited" to the Dean and Chapter, and was by them "approbatum et de cetero traditum observandum." fol. 5.

"Item quot sunt antiphonaria vel gradalia aut troparia hinc inde et si sufficiant et sint competentes ad invicem concordantes.

"Item si ornamenta et vestimenta ac libri et luminaria debite custodiantur. Et si non per cuius culpam vel negligenciam hoc contingit."

If the Legenda before us is the same compilation as is referred to in the Ordinale as in use in the Cathedral, how comes it that the deed of gift on the Title page of the 1st volume declares that it was the 39th year of the Bishop's consecration, i.e. 1366? The only way of reconciling these seeming discrepancies seems to me to be, to suppose that these books were in use on approval, and that, when experience had taught the Dean and Chapter their perfection and beauty, they were as graciously accepted as gracefully offered. Grandisson came to his Cathedral Church, according to the pleasing theory of the late Archdeacon Freeman (who, it may be said truly, in passing, had studied, as he loved, every stone in the material edifice of the Cathedral), when it only remained to dedicate to its high purposes this glorious work of fine intelligence; the life's labour of three successive bishops—Quivil, Bitton, and Stapledon; and although he no doubt completed the grand design of the Nave, consummated by the Great West Front in which his own mortal remains were to be laid, yet there can be little reason to doubt that his special tendency was rather in a literary than an architectural line, and that he cared far more for the due and reverent performance of divine worship and the arrangement and supply of its glorious accessories than in ambitious designs for the enlargement of his Church. He had been from his childhood most studious, became learned, and wrote divers Bookes, one intituled "Pontificales Maiores," another "Pontificales Minores," and a third "De vitis Sanctorum." He also compiled a History of Thomas à Becket, "ex multis scriptoribus in manipulum per me noviter redactam sanctitatis vestre oculis destino intuendam," which Oliver believes to be condensed in the numerous lessons once read in this Cathedral on the 29th December, 5th January, and 7th July, and of which, he adds, a copy is preserved in the Supellex* Libraria of the See of Canterbury (C. 75). And here, perhaps, it may be as well to add the words of Dr. Oliver, than whom no lover of ecclesiastical archæology in the diocese has ever done more to increase our knowledge of the MS. treasures of episcopal, capitular, and parochial registers.

"Bishop Grandisson's will, dated from his favourite residence at Chudleigh, on 8th September, 1368, was proved ten days after his death, an event that occurred on 15th July (the Feast of St. Swithin), 1369, in the 77th year of his age and the 42nd of his episcopacy. According to his directions, he was buried in the Chapel of St. Radegund, which he had prepared for the purpose twenty years before. In 1337 he had compiled a volume (105 folios) called the Ordinale, a book regulating the offices performed in the Cathedral. We are disposed to think that the present Ordinale in the possession of the Dean and Chapter is not the original, from the difference very perceptible in the handwriting in various parts, and again from certain entries, for example fol. 71b. 'In crastino octave Assumpcionis Sancte Marie fiat semper memoria vel obitus Iohannis de Grandisono Episcopi Exoniensis cum distributione xxs.' On Ladyday, 1366, the 39th year of his episcopacy, he presented two folio volumes for the use of his Cathedral, which are still in good preservation. One contains the lessons from the Bible, as also the homilies appointed to be read; the other comprises the lives of the Saints, with the offices

* Canon Robertson, however, Librarian of Canterbury Cathedral, is unable to assure me of the existence of any such MS. in the collection in his charge.

in common that have no proper collects and lessons." It will, therefore, be as well here to quote Mr. Maskell's description of these volumes :—

"In the Exchequer Chamber of the Cathedral of Exeter is still preserved a noble MS. Legenda, given by Bishop Grandisson. It is in two volumes, large folio ($9\frac{1}{4}$ in. by $14\frac{3}{4}$ in.), the leaves not foliated, neither is there a calendar. Both volumes have the Bishop's autograph on the margin of the first page. In the first it has been partly destroyed by damp, and there can now only be read 'Ego I. —— „ istum, cum suo pari —— „ —— „ ——Anno consecracois mee xxxix. In festo Annunciacois dñice manu mē.' But in the second we have perfect 'Ego I. de G. Exon Dn ecclie Exon librum istum cum pari suo manu mea.'

"The title, if it may be so styled, of these volumes fully expresses their contents, and completely answers Lyndwood's description of the Legenda. 'Incipit legenda de usu Exoniensis eccl'ie sed'm ordinacōm et abrevacōnē. Iohis de Grandissono epi. Et dividitur in tres partes : Prima pars continet quicq'd legit₄ de biblia. In qua fiunt salt' nō mutato textu biblie ! ut qr ! omia nō possūt legi ! saltē illa legant₄ que magis tempori cōrespondēt. Sed'a pars : continet sermones et omelias que ptinent ad temporale ! cū lecc̄onib; b̄e marie ⁊ dedicacōis eccl'ie cū oct' ⁊ collocacōnū quadragesimaliū nec nō lecionū post p'mā in capitulo. Tertia pars in alio volumine continet lecc̄ones pprias scōr ! de q'b; fit in usu Exon cū coi scōr ⁊ l'c de comemoracōib; apl'or ! pet' ⁊ pauli ⁊ legenda q'rūdā de q'b; fit in eccl'ia exon tm̄.'"

Mr. Maskell adds: "There is among the Lambeth MSS. an English Lectionary, not so full, however, as the above of Bishop Grandisson. In the British Museum there are several of various dates." The names of these, through the kindness of Messrs. Thompson and Scott, I am enabled to give below.

Ar. 254. Lessons of the olde lawe after the use of Salisbury, 14th Cent.
Harl. 1710. The Gospelis and Epistolis as they been red in the Mess-book after the use of Salisbury, 13th Cent.
Harl. 1029. The Gospels and Epistles after the use of Salisbury, 15th Cent.
Harl. 2889. Lectiones in Ecclesia per annum dicende ! S. XI.
Cotton Append. XXIII. Lectiones in festis diebus Sanctorum ! S. XIV.

Mr. Maskell also names the Lansdown MS. Appendix XXIII. which contains the Lections of the Canonical Hours: and adds that the Legenda of Salisbury use was printed in 1518, in folio, of which the title is from the Bodleian copy: "Legende totius anni tam de tempore quam de Sanctis secundum ordinem Sarum ! " and the colophon "Legende festivitatum tam temporalium quam sanctorum per totum annum secundum ordinationem ecclesie Sarum."

The Librarian of Trinity College, Cambridge, knows but of one Legenda in his charge, B. 4. 31. It is a quarto, on paper, save the table of contents on half leaf of parchment. The hand-writing is of the 15th Century. It once consisted of lives of 61 saints, but now contains only 30: Catherine, Barbara, Helena, Maria, Aegypt, Dorothea, Guillemus, Quirinus, Adrian, de transitu B. V. M., Turpin, Hilaria, Forsan, Margaret, Tiburcina, Stephen, Eutropius, Albat, Antony, Walburga, Iadocus, Ninian, Longinus, Pontianus, Peter Cam., Bridget, Ivo, Quirinus, Balbina, Herasinus.

The Rev. S. S. Lewis, Fellow, Tutor, and Librarian of Corpus Christi College, Cambridge, has most courteously contributed the following facts as to the Legenda in that most interesting collection :—Legenda SS. XLII. 3 Legenda Sanctorum. Imperfect.

ERRATUM.

PREFACE, page ix.—First Note, sixth line.

For "Wickliffe's translation was first given to the world about 1380, the 33rd year of Grandisson's consecration;" *read* "Wickliffe's translation was first given to the world about 1380, eleven years after Grandisson's death."

CXLV. The lives of the Saints as they stand in the Kalendar in old English verse, latter end of the 14th Century.

CXLXI. Codex membranaceus in folio : seculo XII. nitidissime exaratus cui titulus

Legenda Sanctorum : in eo autem continentur Vita Martialis et Sancti Nicholai episcopi : &c.

Such are a few of the Lectionaries which have come to our knowledge, but on which we shall not attempt to dilate, as it is beyond the scope of our present purpose to attempt the collation of the Legenda of Grandisson, a work which we must leave to those whose leisure and proximity to the British Museum and the University Libraries, and the exquisite treasures of private collections, render such precious relics of the beauty of holiness in the Church of England more accessible than to us who (at a distance of 200 miles, or 4½ hours' railway journey) inhabit almost the ultima Thule of Western England.

It will best agree with the method in which it is proposed to issue these MSS. of Bishop Grandisson, to append to the second instalment of the Legenda Sanctorum an account of the condition, illumination, and general points of interest in these two splendid volumes. It will, however, be perhaps more satisfactory to those who are unacquainted with this department of liturgical archæology, but have a general knowledge of the various uses of Sarum, York, Bangor, and Hereford, and who have hailed with consistent gratitude the appearance of the Sarum breviary under the scholarly and graceful tutelage of Messrs. Proctor and Wordsworth; to such also who have studied the history of the use of Holy Scripture, the Homilies of the Fathers, and other sacred writers in Divine Worship during the middle ages, it may be of interest to know that at times our Bishop boldly cut out for himself a new path and an unaccustomed system in the choice of the Canonical Books, thereby giving us many hints as to the general feeling with regard to the text of Scripture and the imperfections of the Vulgate which corresponded with our previous ideas on this engrossing subject: such, for instance, are his remarks on the difficulties connected with the Latin text, suggesting almost a hope that this munificent Prelate was of sufficient large heart (had he lived) to appreciate the translation of Wickcliffe.*

"In mense augusti solent legi libri Sapienciales. Unde quedam ecclesie legunt parabolas vel proverbia salomonis. Quedam vero ecclesiasticum tantum. Quedam singulis dominicis tangunt omnes libros sapienciales. *Nos autem attendentes difficultatem textus :* † audientibus minus proficere quod ecclesiasticus liber : magis planus est et intelligibilis inter alios : illum tantum duximus recitandum."—Fol. 65, vol. I., part I.

The following is perhaps the most singular proof of the originality and independence of our Bishop in his arrangement of the regular course of reading for his Cathedral Church :—

"In capitulo post primam quod multis ignoti sunt illi famosi versus sibilini quos

* Considering, however, his intimacy and good favour with the Supreme Pontiffs, and acquainted, as he must have been, with the first Canon of the Council of Toulouse, which forbade the possession of any of the Books of the Old or New Testament, even in Latin, it seems improbable that, whatever his private feelings may have been, he could have desired "to make the Gospel vulgar, and lay it more open to the laity, and even to women, so that what was before the chief gift of the clergy and doctors of the Church, should be made for ever common to the laity." Wickcliffe's translation was first given to the world about 1380, the 53rd year of Grandisson's consecration.

† We learn from quotations in the early Fathers that, although the variations of text were in most cases unimportant, very considerable differences existed. (Dict. Bibl.)

augustinus posuit in fine sermonis qui electus est ad matutinas qui tunc propter prolixitatem omittantur ! legantur nunc."

We may also aptly observe the anxiety of the ordinary that the lessons of the Church should be read and delivered with the proper distinctness, emphasis, and intelligence. This is repeatedly observed, as we shall see in the Ordinale; but there is a remarkable instance in the third part of the Legenda of the Exeter use for Saints' days, in the month of August. On folio 107 we read:—

"In capitulo post primam in vigilia assumpcionis beate virginis de sermone seu tractatu anselmi cantuariensis archiepiscopi qui incipit. Supereminentem ad excitacionem devocionis erga ipsam matrem memorie legatur distincte et audiator attente et intelligatur pie et sane ! lectio sequens."

At the East end of this Cathedral, on the right hand side of the entrance to the Lady Chapel, there evidently has been painted a strikingly attractive picture of the Assumption. The date cannot be later than the fourteenth century.* Thanks to the vigorously vandalic abhorrence of superstition so painfully manifested by good Protestants since the sixteenth century, this exquisite fresco has been well-nigh obliterated; sufficient, however, remains to show us that mural decorations were extensively adopted in this Cathedral to the excitement of devotion, and in this case with marvellous artistic taste.

In not a few instances, also, extensive additions and corrections have been made by a contemporary hand, if we may judge from the similarity of writing, as on folio 150 (Part I.), where the foot-note begins "Melius hoc modo," and then follow five lines which had obviously been omitted by inadvertence. These corrections and additions, though very common in the first and second parts of the Legenda, are seldom met with in the Usus de scis.

To return, however, to the independence of choice displayed by Grandisson in his selection of lessons (proper or special), and the express declaration of his opinions on these points, we shall observe that (fol. 182 Usus de scis) he announces his disagreement in the choice of some uses with respect to the aptness and fitness of certain books read at the commemoration of the faithful dead.

"¶ In commemoracione omnium fidelium defunctorum ! antiqui legunt illas generales lectiones mortuorum lectio prima. Parce mi domine ! et ceteras lectiones que inseruntur in fine libri. Quidam autem et melius legunt speciales lectiones de ista commemoracione quod quasi duplex festum habetur. ¶ Quorum aliqui legunt ex libro entheridion sancti augustini. ¶ Alii ex prima epistola beati pauli ad chorinthios capitulo quinto decimo ! lecciones quas hic ponimus ad legendum."

In the case also of St. Wulfran a certain amount of license is given (fol. 168):—

"¶ In festo sancti Wulfrani episcopi et confessoris quidam faciunt ix. lecciones. ¶ Set Exonie facimus tres lecciones tantum. ¶ Unde lecciones sequentes poterunt dividi in tres vel in sex ut patet exterius per signa."

That the special local interests and associations of his Cathedral should not be lost sight of in the service books of the Church, any more than the virtues and policy of the deceased Royal Patrons of the See, the following remarkable rubric and charter was by him incorporated with the Lectionary:—

On the feast of the translation of St. Edward, King and Confessor (IX. le.min' du'.), at the conclusion of lesson after prime, in the Chapter House, taken out of the Chronicles of William of Malmesbury (fol. 166), follows this singular direction:—

* A fac-simile of this fresco will be appended to this portion of the Legenda.

"¶ Ut autem festivitas

Huius gloriosissimi confessoris Christi ac regis anglorum Edwardi qui episcopales sedes Cridiensem et cornubiensem unitas ad exoniensem transtulit civitatem ibidem devocius celebretur tenorem carte per quam ipsam ecclesiam transtulit univit et dotavit ad ingem et perpetuam eiusdem memoriam huic volumini duximus inserendum."

Then follows this famous deed of our Cathedral Church; its beauty, value, and authenticity will be noticed in their proper place.

Nor must we neglect to mention briefly the famous passage in the life of the Apostle of Germany, which has puzzled Dr. Guest and Mr. E. A. Freeman (fol. 50a):—

"¶ In festo sci bonefacii epi ⁊ mris sociorumque eius. ¶ Et nota quod in eodem die currit alius scs bonefacius de quo non celebramus."

This interesting controversy will be noted in due order in its proper place.

The above remarks will suffice to show that the Lectionary, of which this is the first instalment, is a work of great archæological importance. Like many others of the same character, it has escaped accurate attention, even Dr. Oliver having failed to deduce from its beautifully preserved and exquisitely illuminated folios any of those pleasant touches and delicate historical suggestions which render his works so attractive to the student of ecclesiastical antiquities in the West. He was not even at pains to correctly quote the Bishop's deed of gift on the first folio of these two volumes. The perfect condition of these noble tomes is no doubt owing to the ignorance or indifference which has commonly prevailed until within the last few years as to the order and existence of such inimitable monuments of mediæval caligraphy.

In conclusion, we will avail ourselves of the knowledge and data on this most interesting subject which have been considerately brought to our hand by the thoughtfulness of the Rev. Christopher Wordsworth.

"The beautiful volume which bears the title of Legenda Sarum contains the Lectionary—that is to say, the Lessons—as they appear in the great reformed Breviaries of 1516 and 1531, merely separated from all the other parts of the services which in those Breviaries are combined.

"This edition of Legenda is the only printed edition of which we have heard or read. The existence of the singer's part and the reader's part in the separate volumes of antiphoner and legend book, as well as in the general breviary, was a matter of common sense, which has its parallel in these our days of easy printing no less than in the earlier times of St. Osmund and his scribes."

To this point we may here quote the express affirmation of the Bishop in his Ordinale, where he says (fol. 13, De custodia librorum XXXI.)—

"Inter cetera vero summe cavendum est de librorum chori discordia que auribus abhorrenda totam armonie dulcedinem dissolvit unde oportet necessario quod psalteria quo ad textum et medias versuum pausas vel punctos et antiphonaria cum gradalibus ad unguem corrigantur tam in lra quam in cantu iuxta aliquem librum qui veracior inter ceteros reputatur quorum nunc *illud antiphonarium quod dicitur Grandison et illud Graduale antiquum cum psalteriis que idem iohannes episcopus contulit ecclesie* dinoscitur veriora iuxta que expedit ceteros libros corrigi et que ad formam antique note Sarum ac in ligaturas atque stringentes ut omnes dissonancie materia ex nunc cesset."

In this passage, however, we find no mention of legenda; but on folio 33 we read, on the Commemoration of Blessed Virgin, after Christmas Day:

"¶ Leccio prima. Parturiente maria cum duabus leccionibus sequentibus. Et in qualibet commemoracione legantur per totum annum varie lecciones prout ibidem legenda compilata per Episcopum Iohannem continentur."

"With regard to the system," say the Editors of the Sarum Breviary, "arrangement and selection of the lessons in the mediæval period, we may hope yet to learn a good deal." To this very pertinent expression of a hope for greater knowledge of the lectionary at this remote period, I cannot but think that the Legenda before us fully answer. But with the later modifications of the Lectionary, and the unsatisfactory condition into which it had degenerated in the sixteenth century, as noted by Cardinal Quignon, we need not here enter.

Although, no doubt, there is a certain connection between the Lectionaries and the Epistles and Gospels, as read in the Roman Church, with respect to the Sarum and Aberdeen and Parisian Breviaries, and though their variations are exceedingly interesting and peculiar, it scarcely can be held to affect our present intention of presenting to the public a Lectionary of the fourteenth century, perfect in every respect, in entire accordance with the Ordinal of Exeter use, and yet of patent divergence and dissimilarity from the generally accepted uses of the Church in England.

We will now quote the words of Dr. Rock, in illustration of that portion of Divine service in which the Legenda were brought into use—vol. iii., part ii., page 123:—

"The same wish (he is here referring to the Roman breviary) to follow ecclesiastical usage which was shown by St. Osmund in ordaining the weekly repetition among his clergy of the Psalter was exhibited by his arrangement of the lessons at Matins in such a way that within the year some portion out of almost every book in the Old and New Testament should be read in the Divine office. Though chosen from the same books of Holy Writ, according to the season or the festival, the lessons in the Sarum Matins were much shorter than those now read in the Roman breviary; often, too, the commentaries accompanying them were extracted out of other writings and homilies of the holy fathers. An additional lesson, called 'the genealogy,' was sung at the end of Matins on Christmas morning and the Epiphany, from the rood-loft, with much solemnity, by the deacon, robed in his dalmatic, and attended by incense, lights, a cross, and a sub-deacon. There were several festivals during the year on which the lessons of the third nocturn were from the Saints' Legend, and not an exposition of some part of the Gospel, with a verse or two of it at the beginning of the seventh lesson, as is the custom in the Roman breviary."

The words of Mr. Chambers will now, perhaps, best explain the ancient custom with regard to the Lectionary and the modifications which it has undergone under the present Anglican order: p. 139 "Divine Worship in England" (new edition, 1877):—"The Psalms for Mattins on Sundays in Advent, with their Antiphons, being thus divided into three portions, with as many sets of versicles at the end; between each set of Psalms were three Lessons, with their respective Responsories. The English order merges all these three sets of Psalms into one series, and the nine Sunday lessons in Advent into two only. . . . The first portion in the Breviary, whether three or one, was usually from the Old Testament, appropriate to the season or festival; the middle three from some comment on Holy Scripture. The first of the last three, or the last, from the New Testament, and the two last from some comment upon that or on the Gospel for the day.

"This arrangement is sometimes, on festivals, but not often, departed from.

"The Anglican Rubric is, therefore, not inconsistent with the former practice.

"The lessons were variable in length at the discretion, or even caprice, of the officiator,*

* There is at Cambridge a manuscript Lectionary (formerly in use at Norwich), where the regular lessons are marked on the margin, some distance before their proper conclusion, with directions to *stop here and read the rest in the refectory.* This shows that the craving for a shortened lectionary was not

and might, if from the Old Testament, be closed with the words: Hæc dicit dominus convertimini ad me et Salvi eritis (as found in Grandisson's Legenda)—Thus saith the Lord; or, if from any other source, with the words (Tu autem Domine, miserere nostri): But thou, O Lord. This is the true reason why these lessons are so abbreviated* in the later office-books and Portiforia (except those printed by Chevallon in 1531) from what they are in the MS. Breviary of 1260 (A 1, in the Royal Library, British Museum), and in others of that period.

"According to the ancient English practice, the first three lessons on ordinary Sundays were read by boys, from each side alternately, from the first form, beginning with the side on which the choir was that day; the two next by sub-deacons or deacons from alternate sides of the second form; the sixth by some clerk of the upper form; the last three, which related to the New Testament, by the higher dignitaries, also alternately, ending with the highest dignitary on the side where the choir is stationed. The posture of the Reader was standing facing the choir, and without any change of vestment. The clerks and choir and congregation sat during the Lessons and following responses, except when Gloria Patri was sung, when they all stood up till the next Lesson was begun; but when any part of a Gospel was read they all turned towards the Reader. On Feasts, and, as it appears, on first-class Sundays, these lessons were usually read from the Ambo or Pulpitum, but, on other days, from the Lectricum, or reading desk in the choir, or, as the Exeter Rule orders, on other and ordinary days they might be read, if preferred, in the extreme—*i.e.*, western part of the choir, so as to be better heard by the seniors, and as a place easier of access. The chdomadary boy should take care there is a Candlestick and Light ready in the Pulpit (if used), to enable the Reader to see well. The Boy or Clerk nominated to read the First Lesson should have upon him the dress of a reader, viz., a Surplice or Albe, with a tippet over the shoulders, but should not wear a cope.† He should now take up the Book, and carry it to the place of reading, first bowing to the Altar and to the Dean or Choir, then, turning to the officiating Priest, should say: Lord, bid a Blessing (Jube Domine, benedicere), who should pronounce the appointed Benediction in a quiet tone.

"This request to bless has, according to the 'Mirroure,' three meanings.

"The Reader asks leave of God Almighty and help of your prayer to read to our Lord's worship: 'Lord, bid me say well;' 'Lord, give me leave and bid me say or read, for else I dare not presume to open my mouth to these holy words, and give me strength and grace to read and say well, and so well that Thou be pleased and the Reader be edified.' Though these words be said principally to God, yet they are also said to the person giving the blessing, who therein occupieth God's stead, in His name to bless and give leave to read. . . . . Immediately after each of the Nine Lessons in the ancient office for Mattins was sung a Responsory, or Solemn Anthem of Praise, mostly taken from holy

peculiar to our own generation. And we find that the portions in the common breviaries, or portiforia are considerably reduced from those of the folios of (1498) 1510 and 1531; so that instances may be found where three long lessons are cut up into nine short ones, the original compends being retained, although, perhaps, the narrative to which they allude was no longer to be read.

* Hence Grandisson's compilation of the Legenda for his Cathedral, in which, whether in reading or singing, as in all details of precedence, order, decorum, and regularity, the Ordinale shows him to have been most precise and punctilious.

† Grandisson, however, orders that at Mattins on the Octave of the Epiphany, although the hymns and Responsories were to be sung by boys and clerks, rising from the first form to the higher ones, all in surplices, all the lessons may be read in black copes, except the 3rd, 6th, and 9th.

Scripture appropriate to the Season, and embodying in solemn words of thanksgiving the object and sense of the Lesson. Of these, from the 'Exeter Consuetudinary,' it would appear that only the First, Third, Sixth, and Ninth were sung with organ or musical accompaniment." *

Space and time will not be grudged to the following impressive account of the use of the Responsory, from the same exhaustive and beautiful work of the Recorder of Salisbury:—

"If a Respond or Responsory follow, it should be sung thus: On this Sunday, by Three Boys, and so on Feasts (but, on ordinary Sundays and days, by one only), vested in surplices, standing at the steps—*i.e.*, Western end of the Choir, and facing the Altar—two on the side where the Choir is on this Sunday—*i.e.*, the Decanal side—and one between the others on the Cantoris side (the rest of the Choir, except the Boys, might sit till Gloria Patri).

"The Three Boys together: 'Beholding from afar, Lo! I see the power of God coming under the cloud, covering the whole earth. Go ye to meet Him and say: Tell us if Thou art He who shall reign among the people of Israel.'

"Let the Third Boy, the Hebdomadary on the Choir side, say: 'All ye who are born on earth and sons of men, rich and poor in one together.'

"Choir: 'Go ye to meet Him and say, Tell us if Thou art He who shall reign among the people Israel.'

"Let the Second Boy on the Cantoris side say: 'Thou who rulest Israel give ear: Thou who leadest Joseph like a sheep.'

"Choir: 'Tell us if Thou art He who shall reign among the people Israel.'

"Let the Third Boy on the Decanal or Third side say the verse: 'Raise up, O Lord, Thy power, and come, that Thou mayest save us.'

"Choir: 'Who shall reign among the people Israel.'

"Let the Three Boys together say (they and the whole Choir standing up and turning and bowing to the Altar, and continuing so standing till the beginning of the next Lesson): 'Glory be to the Father, and to the Son, and to the Holy Ghost.'

"Choir: 'Among the people Israel.'

"The Three Boys begin again: 'Beholding.' Clerks, Choir, and Boys together: 'From afar I see the power of God coming, and a cloud covering the whole earth. Go ye to meet Him and say, Tell us if Thou art He who shall reign among the people Israel.'

"This repetition of the Responsory itself never took place at the end of any of the other Eight, but only at the end of the Ninth, or last in each of the Four Sundays in Advent, and in Feasts and Sundays and Commemorations between Septuagesima and Easter, and that in place of 'Te Deum,' then omitted.

"It is to be noted—as is laid down by the Tract, 'Crede Michi,' and in the 'Defensorum Directorii'—that in Parochial Churches, and where there were no Choirs, the use of all these Responsories and this particular mode of singing them was not obligatory. They were often wholly or partially omitted, and only said or sung where and as far as practicable."

If to many persons at the present day the same objection suggests itself with regard to the reading of Holy Scripture and the constant interruptions which, in the opinion of

* Fol. 12 b. (De modo psallendi et modulandi discantandi et organizandi xxvi.) ¶ Ad matutinas ympnum: et terciam et sextam et nonam antiphonam cum iiiᵒ sexto et nono responsorio: absque versiculo et Gloria Patri. Te deum laudamus solempniter.

the writers of the Preface to the Book of Common Prayer called* "Concerning the Service of the Church," were so fatal to order, discipline and religion, so conducive to vanity and superstition, we can only say that the recently resuscitated life in the Anglican Church, and the more devotional spirit which obtains with so many in the functions of Divine service, justify us in asserting that a return might safely be made by a temperate and moderate concession to the more ancient forms of Holy Worship. It is undeniable that "the craving for a shortened lectionary" is combined with a craving for shorter forms of Morning and Evening Worship, nor would an unseasonable element be introduced to the sacred offices of Religion by a more fervent and ejaculatory expression of all those deep spiritual emotions which the long-winded periods of our (nevertheless beautiful) Collects repress and check. The shortened forms of Mattins and Evensong are provided for and widely utilised; but what I would justly plead for, while abhorring the sacrilege which would, for a mere passing scoffing demand and taunt, emasculate and disintegrate our imperishable Liturgy,—what I would plead for is a supplementary form of services specially suited to special emergencies, personal or national, and the lawful countenancing of an educated discretion as to exact details of any such exceptional ordinances. The Worship of the Anglican Church is being gradually restored to its pristine beauty and attractions; let those who prefer the more sober and phlegmatic style of worship by all means enjoy it and dilate upon its advantages, but I appeal to the consciousness of many weary, wasted sinners amongst the busy, awful haunts and habits of crime or callous indifference—if it were within your reach to enter at any time a bright, quiet place of holy calm, and pour out in a moment the merely transitory but precious convictions of sinfulness and misery (which, if not taken at the instant, evaporate and are for ever lost), which do come—blessed be God—to the most abandoned—how often would a dying soul be saved and healed, what blessings of eternal value would be daily offered to thousands to whom at present the House of God is merely fearful, and the lengthened liturgy a weariness of the flesh and spirit, a vapid, emotionless, and lifeless formalism!

It may not be amiss, in conclusion, to give some account of the Church furniture and accessories which were necessarily used in connection with the Lectionary.

The Lesson Books before us are exceedingly heavy, and would tax the strength of any ordinary man if held up before the face of the Reader for even a brief space of time. Lecterns, or book rests, were indispensable; and accordingly we find that, when the Lessons were not read from the Pulpit or Ambo, Desks or Lecterns were necessary in the Choir. It will be as well to distinguish between the supports, or Eagles, which were used by the Gospeller and Epistoler in the Presbytery, and the Lectrica, which stood below in the Choir. As Mr. Chambers says again:—

"The Churches of St. Clement, St. Lorenzo, and St. Pancras at Rome, have two Ambones besides Lectricum, the Gospel Ambo being much higher and larger than the other. At Sarum, York, Hereford, and Exeter, in the thirteenth century, the Pulpitum was single in the centre of the West end of the Choir. In the upper portion was an

* These many years passed, this godly and decent order of the Antient Fathers hath been so altered, broken, and neglected, by planting in uncertain Stories and Legends, with multitude of Responds, Verses, Vain Repetitions, Commemorations, and Synodals, that commonly when any Book of the Bible was begun, after three or four Chapters were read out, all the rest were unread . . . . . . For this cause, that is, that all things may be done in order, without breaking one piece from another, is cut off Anthems, Responds, Invitatories, and such like things as did break the continual course of the reading of the Scripture.

eagle, from whence on Sundays and Festivals the Gospel was read; lower down in it was a desk, or Lectern, facing towards the Choir, whence the Epistle was read on Sundays. Besides these, there were Lectrica in the Choir for the Lessons, Epistles, &c., on Ferials. It was the union of the two Ambones by a beam or gallery thrown across this entrance to the Choir above them, whereon was placed the Great Cross, or Crucifix, which ultimately resulted in what in England is called the Roodloft or Screen, in France the Iube (from the 'Iube domine benedicere,' before the Lesson)."

We may add that when, by the munificence of the present Chancellor of the Cathedral, the Nave was seated with chairs to accommodate an afternoon congregation numbering some 1,200, and new stalls and forms were provided for the lay clerks and boys of the Choir, a Lectricum of simple design was provided, approached by a sort of half ambo, so as not to obstruct the passage up the Church, and by this arrangement the Reader is enabled to throw his voice over the vast assembly to the end of the Nave, while he stands "conspectu omnium." The Lectern in the Choir being also raised on the fourth step from the entrance to the Choir, places the Reader in a commanding position for the reading of the Lessons on all occasions (as on week-days and Sunday mornings) when Divine Worship takes place in the Choir.

The following passage from the will of Bishop Grandisson suffices to show that his literary acquisitions were not only devoted to the good of his Cathedral, but extended to those who had the privilege of his acquaintance or honoured him with their favour.

The clause which mentions his legacies of books, &c.,* runs thus :—

"Item do et lego Ecclesie Exoniensi pulcriora vestimenta mea alba videlicet capulam ! tunicam et dalmaticam cum capa debrandata cum aureo rosario et armis meis ac dimidiis Angelis una cum quatuor capis nimis secte melioribus de panno albo serico diasprato cum castoribus et bestiis aureis. Item lego eidem Ecclesie crucem deauratam preciosis ex utraque parte que in duas partes dividitur et intra pars crucis Dominice continetur. Item lego eidem Ecclesie duas ymagines Apostolorum Petri et Pauli argenteas deauratas et thuribulum aureum et duo alia thuribula nimis secte sculta et deaurata ! pelvem argenteam capelle mee cum cathenis ad pendendum cereum Archidiaconi ante maius altare. Item lego eidem Ecclesie duo antiphonaria duo gradalia et duo psalteria majora et meliora de capella mea et Textum Evangelii Sancti Iohannis de antiqua litera coopertum argento deaurato. Lego eciam eidem Ecclesie" ! &c.

The following bequests, which appertain rather to the vestments to be worn on special Feasts, will find their place more aptly in the Preface to the Ordinale. There is, however, a mention of books which is of interest, and may well be quoted here :—

"Item lego successoribus meis sub condicionibus infra scriptis et non aliter. In primis illam preciosam mitram . . . . baculum meum pastoralem—libros meos Episcopales maiorem et minorem quos Egomet compilavi ! et tria missalia unum videlicet preciosum notatum cum sequenciis in quo scribitur—'In Principio'—quod remaneat successori ! aliud novum et bonum eiusdem litere sine nota et tercium portabile quod duxerit eligendum. Item lego eisdem librum Meditacionum et Oracionum beati Anselmi et beati Augustini in magno volumini. . . . . Item textum Evangeliorum prout leguntur per annum coopertum argento cum ymaginibus protractis Crucifixi ! Marie ! et Iohannis ex parte una et cum nigra de Neil coronacione ex parte alia. Item lego eisdem successoribus meis tria gradalia portatoria et unum maius pro seipsis. Item *Legendam*

* There were also divers legacies in money to the Canons and other officers of the Cathedral.

integram in uno volumine de camera mea. Item Bibliam meam meliorem. Item duos libros Omeliarum ad legendum coram ipsis. Item maius Antiphonarium et Psalterium que iacent in capella coram me cum duobus aliis Psalteriis pro clericis.

"Item lego venerabili in Christo Patri Domino Ludovico Dei Gratia Herefordensi episcopo meum anulum pontificalem cum sandaliis et cirothecis et magnum librum concordanciarum. Item inhibeo ne libri mei ecclesiastici vel theologici aut vestimenta mea ecclesiastica exponantur venditioni nisi forte bonis meis aliis non sufficientibus maior immineat necessitas distrahendi set omnes libri mei de Capella ut supra dicitur ponantur ac ceteri non legati Ecclesias Collegiatis primo de Otery ac postea Creditonie et libere Capelle Regie de Boseham distribuantur: libri vero theologici modici precii distribuantur pauperibus scholaribus theologicis et Aule de Stapeldone Oxonie. Ita tamen quod scripta Nicholai de Lira et Nicholai de Treveth super Psalterium mea cum melioribus originalibus que non habentur in libraria Ecclesie Exonie remaneant et ibidem in archivis. Et Fratres predicatores Exonie habeant omnia scripta Sancti Fratris Thome de Aquino qui fuit de ordine eorundem.

"Item lego Magistro Philippo de Bello campo pulcram parvam Bibliam meam quam habui de Magistro Roberto Herward una cum Portiphorio et Psalterio camere mee. Item Missale parvum et pulcrum: magnum Decretum et Decretales et . . . . Item lego Magistro Willielmo de Courtenay aliquem librum theologie vel Iuris Canonici quem executores mei elegerint . . . . sacerdotes promoti per triennium continuum ante mortem meam ac tempore mortis meam steterint: habeant quilibet vas vel iocale aliquod: librum vel vestimentum simplex iuxta dispositionem executorum meorum."

Extracts from the Will of John de Grandisson, Bishop of Exeter, so far principally as it appertains to books: 8th Sept., 1368.

Obit. 15th July, 1369.

(From a book endorsed "Wittlesey," fol. 103 back.)

Dr. Oliver's Lives of the Bishops of Exeter.

HERBERT EDWARD REYNOLDS,

Librarian.

EXETER CATHEDRAL, January, 1880.

The Editor has endeavoured, by producing the first part of the "Legenda Sanctorum" with abbreviations, a facsimile of first page, and a cover illustrative of the literal decoration of the MSS., as well as the coloured list of saints' days as they occur in their proper order, to convey some idea of the character and condition, no less than the peculiarities, of these massive volumes. The title page has been much exposed to damp, which has blurred and blotted the colours of the foliage, and destroyed the delicacy of the more minute tracery in white and outline.

A certain inconsistency and irregularity may be discovered in the system of abbreviation, which has been found unavoidable in the endeavour to preserve their characteristics. The future numbers of the "Legenda" will not be abbreviated, but will be accompanied by a short preface, descriptive of the condition, style, and general points of interest in the compilation, subsequent preservation, and uses of the books, and also by a brief history of the saints, their relics, and festivals in the Catholic Church, &c.

Decēb.

Incipit ƭcia pars legēde Exōn usus de sāis : cōpilate p Joh'em de Gran dissono eþm. Sc̄i andree apl'i de ei' passione qui oīs pbat'i ⁊ di aconi achaye s'cpserūt oīb3 eccl'is per orbem. fol. 1.

lectio prima.

Proconsul egeas : patras civitatē ingressus, cepit compel lere credentes in xp̄o ad sacrificia ydolorꝝ. Cui occurrēs beat' andreas : dixit. Oportet q'd tu : qui iudex hominū esse compbaris iudicem tuū qui in celis est cognosceres : et agnitū coleres ⁊ colendo : ab hiis qui nō sunt dii animū re vocares. Egeas dixit. Tu es andreas qui destruis tēpla deorꝝ. ⁊ psuades hoīb3 supsticiōsam sectam qm̄ imp romani p'nci pes exterminari iusserūt ; Andreas respondit. Romani p'ncipes nōdum cognoverūt veritatē : q'd pro salute hominū veniens dei : filius docuit ista ydola ēē demonia pessima. Egeas dixit. Ista v'ba : vana sūt. Nam ihs vest' : dū hec p'di caret : iudei eum crucis patibulo affixerunt. ¶ le II.

Andreas respondit Egee O ; si velis scire misťiū crucis Egeas dixit. Misteriū nō potest dici : set suppliciū. Andreas respondit. Ipsū suppliciū misteriū esse restauracōnis humane : si pacient' audias : cōprobabis. Egeas dixit. Si tu me obtemparit nō audias ⁊ sacrificia diis offeras : in te cru cis suppliciū excipies. Andreas dixit : Oīpotenti deo : imma culatum cotidie agnū in ara crucis offero. Cui' caro ⁊ sangis : postq̄m ⁊ comesta fuerit ⁊ bibitus : ip̄e tū integer pmanet et vivus. Ego ociū si patibulū crucis xp̄i expavescerē : crucis ei gl'iam nō p'dicarē. Tunc indignat' egeas : iussit eū in carce rem retrudi. Ubi venit ad eū multitudo tot' ƥre p'vincie : ita ut egeam vellēt occidere ⁊ apl'um liberare. Quos ipse compescuit dicens. Nolite quietē dñi ihu xp̄i : in sedicōem exci tare : ⁊ meū martiriū impedire. Verū vosmetipsos p'parate ut per tribulacōnes temporales : ad et'na gaudia ptingatis. ¶ le III.

Hec ⁊ hiis similia : beato andrea p totā noctem ppl'um admonente : mane egeas misit ⁊ adduci fecit sc̄m apl'm. Et sedens pro tribunali : dixit. Restaurentꝫ per te cul ture deorꝝ. Sin autē crucis qm̄ laudasti patibulo te affigi p'cipiā. Andreas respondit. Audi fili mortis : ⁊ stipula eternis parata incendiis. Quicq'd tibi videtur in suppliciis : excogita. Tanto enī regi meo xp̄o ero accepcior' : q̄nto p ei' nomine fuero pmanens in tormentis cfessor. Tūc iratus egeas : cruce eum affigi p'cepit : ligatis manib3 ⁊ pedib3 : ut quasi in eculeo tende retur : ne clavis affixus : cito deficeret. fol. 1 b. ¶ le IIII.

Tunc fact' est concursus popl'orꝝ dicenciū. Iustus homo ⁊ amicus dei : q'd fecit ut crucifigatur ; Sc̄s autē andreas rogabat popl'm ; ut nō impedirēt cursū passionis ei'. Gau dens enī ibat : ⁊ a doctrina non cessans. Cum v̄o pervenisset ad locū : videns crucē a longe exclamavit dicens. Salve crux : que in corpore ihu xp̄i dedicata es ⁊ ex mēbris ei' quasi mar garitis ornata. Et quidē anteq̄m ascenderet in te dñs meus timorē ƭrenū habuisti : nu' autē amorē celestem. Quia exqu⁹o amator tuus surrexit : semp desideravi amplecti te. Et hec dicens expoliavit se. Et accedentes carnifices levaverūt eū. Astante v̄o turba ad viginti fere milia virorꝝ : Sanct' andreas : confortabat mentes credenciū. ¶ le V.

[illegible]

Interea vadit oīs popl's ad domū egee ! 7 clamabat. Virū
scm̄ pudicū ! approbatū moribꝫ bonū doctorē piū modestū
raconabilē nō debere hec pati. Quia iam scd'a die in cruce
positus v̄itatē p'dicare nō cessat. Tunc egeas penitens
eū deponere ! simul ire cepit. Quē videns andreas dixit. Ad
quid venisti ꝑ Si vis credere ! apietur tibi via indulgencie.
Si autē venisti ut me solvas ! ego vivens depoui nō pcio.
Iam eni regē meū video ! iam in ꝯspectu ei' assisto. Mitten
tes autē carnifices man' ad crucē nō poterant ꝯtingere eum.
Tunc beat' andreas cū ingenti clamore dixit. ¶ lc VI.
Non me pmittas dñe famulū tuū a te separari. Tēp'
est ut commendem terre corp' meū ! 7 veniā ad te ! desiderās
te videre. Tu es eni magister meus xp̄e ! quē dilexi quem
vidi ! quē secutus sū ! quē cognovi ! quē in ista cruce ꝯfiteor.
Et sicut te uno v̄bo audivi sic ! m' ista voce me exaudi.
Et cū hoc dixisset splendor nimius ita circūdedit eū ut il
lum nō possent aspicere. Cūqꝫ pmansisset splendor ! dimidie fol. 2.
hore spacio ! abscedente lumine ! emisit spm̄ simul cū ipso
lumine pgens ad dñm : cui est gl'ia in secula scl'orū amen.
In illo tr'. Ambulans ihs iuxta mare ¶ lc VII. Scd' math'm.
galilee ! vidit duos frēs. Symonē qui vocatur petrus 7 an
dream frēm ei' ; mittentes rete in mare. Erant eni pis
catores. Et reliqua. ¶ Omelia bi gregorii pape.
Audistis frēs kmi ! quia ad uni' iussionis vocē petrus et
andreas ! relictis retibꝫ ! secuti sunt redemptorē. Nulla
v̄o hūc facere miracula ! adhuc viderant : nichil ab eo de p'
mis eterne retribucōnis audierāt. Et tamē ad unū dñi
p'ceptū ! hoc qd' possidere videbantur ! obliti sūt. Quāta nos ei
miracula videm' ! quot flagellis atterimur ! quātis minarum aspita
tibꝫ deterreāur. Et tamē vocantē sequi cōtempnim'. In celo
iam sedet qui de conv̄sione nos admonet. Iam iugo fidei
colla genciū subdidit. Iam mūdi gl'iam stravit ! iam rui
nis eius crebrescentibꝫ districti sui iudicii diem ppinquare
denunciat. Et tamē ! supba mens nr̄a nō vult hoc sponte
deserere ! qd' cotidie perdit invite. ¶ lc VIII.
Quid g° frēs kmi ! q'd in ei' judicio dicturi sum' qui ab amo
re p'sentis secl'i ! nec p'ceptis flectim' ! nec v̄beribꝫ emendam' ?
Set fortassis aliquis ! secū tacitis cogitacōnibꝫ dicat. Ad vocē
dñicā ! utqꝫ iste piscator q'd aut quātū dimisit qui pene nichil
habuit ? Set hac in re frēs kmi ! affectū debem' poci' pensare !
q̄m censū. Multū reliq't qui quālibet parū totū deseruit. Mul
tū reliquit ! qui sibi nichil retinuit. Certe nos et habita
cū amore possidem' ! et ea que minime habem' ex desid'io
querim'. Multū g° petrus 7 andreas dimisit quādo uterqꝫ
eciā desideriū habendi dereliquit. Multū dimisit ! qui cum
re possessa ! eciā cōcupiscenciis renūciavit. A sequentibꝫ g°
tanta dimissa sunt ! quāta a nō sequentibꝫ ! cōcupisci potuerūt.
Nemo g° eciā cū quosdā conspicit ! multa reliq'sse ¶ lc IX.
apd' semetipm̄ dicat. Imitari mūdi hui' cōtemptores
volo ! set qd' relinquā ! nō habeo. Multa frēs relinquitis !
si desideriis carnis renūciatis. Exteriora eni nr̄a dño quālī fol. 2b.
bet parva ! sufficiunt. Cor namqꝫ 7 nō substantiā pensat !

nec ppendit ! qñtũ in eius sacrificiũ. Sȝ ex qñto pferatur.
Nam si exteriorẽ substanciã ppendam⁹ ! ecce sci negociatores
nri ! ppetuã angl'or₊ vitã ! datis retibȝ ⁊ navi ! mercati sunt.
Estimacõem quippe p'cii ! nõ habet. Set tamẽ ! tantũ valet
regnũ dei ! qñtum habes. ¶ Ad p'mã in capͥ lc
Regnũ dei ! tantũ valet qñtũ habes. Valuit nãqȝ zacheo !
dimidiũ substancie. Quia dimidiũ aliud ! ad hoc qd' in
iuste abstulit ! restituendũ in q̃druplũ reservavit. Valuit
petro ⁊ andree dimissis retibȝ ⁊ navi. Valuit vidue ! duobȝ
minutis. Valuit ! alt'i ! calicẽ aque frigide. Regnũ itaqȝ dei
ut diximᵘ tantũ valet ! qñtũ habes. Pensare itaqȝ frẽs
quid vilius cũ emitur quid carius cũ possidetur.
In crastino sci andree ! si fūit feria sexta ! legant₊ leccões sequẽ
tes. Et si nõ legant₊ ! tunc in die octava. ¶ leccio p'ma.
Maximilla quedã potentissima matrona ! in specula
posita ! statim ut cognovit apl'm prexisse ad dñm :
accessit ad crucẽ. Et suor₊ solacio ! cũ om̃i reverencia depos
it corpᵘ ⁊ cõdivit aromatibȝ ! ⁊ in loco quo se ꝯstituerat se
peliendã ! illic cũ sepelivit. Egeas ṽo intᵘ disponebat con
testacõnẽ publicã facere ! ⁊ ad cesarẽ accusacõnẽ cont₊ max
imillã ⁊ popl'm destinare. Cum hec ordinaret egeas ! arreptᵘ
est a demoniõ priusqñ pveniret ad domũ suã. Et in medio
foro civitatis ! in conspectu omĩũ vexatᵘ expiravit ¶ lc II.
Frater v'o egee stratocles ! tenens corpᵘ sci andree ! evasit.
Et misit servos suos ! dicens eis ! ut int' biothanatos
sepelirent egeã. Ipse v'o ! de facultatibȝ ciᵘ nichil quesivit !
dicens. Non m' pmittat ! dñs meus ihs xp̃s ! cui credidi !
ut de bonis frĩs mei aliquid contingã. Ne polluat me
crimẽ ciᵘ ! qui apl'm dñi ! ausus fuit ! pro amore peccunie
crucifig'e. Tantus autẽ timor ! invasit univ'sos ! ut nullus
remaneret ! qui nõ crederet salvatorẽ ihm xp̃m ¶ lc III.
De sepulchro suo magnũ mirac'lm beatᵘ andreas apl's :
in die solempnitatis sue pfert. Si quidẽ ! manã in modũ *fol. 3.*
farine ! vel oleũ cũ odore nectareo ! de tumulo illiᵘ exundat.
Per id autẽ ! que sit fertilitas anni sequentis ! ostenditur.
Si exiguũ pfluxi't ! exiguũ terra pfert fructũ. Si ṽo fu'it
copiosũ ! magnũ arva pventũ fructuũ. hõre significant. Mul
ta quidẽ ⁊ alia mirabilia ! m̃itis beati apl'i sui ! nõ solũ in
codẽ loco ! sȝ eciã in aliis ! in quibȝ ciᵘ memoria ! debita ven'a
cõne recolitur ! dñs opari nõ desivit ! ad laudẽ ⁊ gl'am no
minis sui ! qui vivit ⁊ regnat ! in secula seculor₊. In festo
Beatus nicholaus ex illustri ¶ Scĩ nicholai cpĩ ⁊ cf' lc I.
prapia ortus civis fuit patere urbis ! Parentes ṽo ciᵘ
cum in primevo iuventutis flore ! hunc unicũ genuissent
filiũ ! inter suas p'ces ! q̃s frequent' in templo dei fundebant.
cũ solũ supstitẽ nõ tantũ diviciar₊ ! qñtũ ⁊ morũ ! flagitabãt
heredem. Quorũ vota deus ex alto pspectans ! haut peticõm
cor₊ defuit. Nimirũ qualis futurus ẽẽt puer ! in ip̃o mox
p'mordio nativitatis ciᵘ monstrare dignatus est. Nam cũ
adhuc matris lacte nutrirẽ. Cepit bino in ebdomada die
quarta scilȝ ⁊ sexta feria ! semel bibere mãmas. Et hac vice
contentus ! tota die sic permanebat. ¶ lc II.

Puerilibus g' annis transact' ... cepit nicholaus
bone indolis adolescens ēē. Et nō ! sicut illa etas assolet
lasciviā cōplexus est mundi. Sed mox parentū continuatus
vestigia ! sue salut' ... tenebat limitē. Et qd' ibi de
scripturis poterat addiscere audire ! nō incessanter armariolo
condebat pectoris ! Ubi autē utrūq; parente orbatus est. Sepi
us illud euāgelicū ! ante mentis sue ducebat oculos. Nisi
quis renunciavit omnib; que possidet ! nō potest meus eē dis
cipl's. Dep'cabatur g' dnm xp'm ut de tot ; tantis ! sibi
relictis opib; ! sic ordinaret questimus ! quatinus ab eo laude
humana ! compeccatui placeret divine. ¶ le III.
Talis beato nicholao cogitante ! accidit ! ut quidā civia
nous ei' ad tantā devenisset inopiā quia tres filias quas
habebat ! fornicari cōstituit ut earū saltē infame cōmercio
infelicē ag'ent vitā. Qd' ubi sce vir cōperit pdolens miseri fol. 3b.
mo hōi ac v'ginū execrans stuprum ! decrevit ex suis habun
danciis supplere inopiā alienā. Nolensq; aliū nisi xp̄m fci
sui cōtēplatorē habere ! notata cuiusdā noctis hora sumens
nō modicū aurū ligansq; in panno prexit ad domū viri.
Qēā undiq; circūspiciens ! p fenestrā que cōpetens videba
tur ! clam intro p'iecit ! clamq; discessit ! mane antē facto
cū surrexisset homo ! aurūq; repp'isset illud ! dirigūt p'mo
deinde immensas grās egit deo. ¶ le IIII.
Celebratis g' ex more primogenite filie nupciis : cepit
hō iquirere ! quis nā ēēt ! qui sibi tantā p'stitisset huma
nitatē. Cūq; diu talia moliretur ! nō multo post ! nicholaus
simile pegit opus. Deinde paucis admodū evolutis dieb;
ecce cultor trinitatis advenit nicholaus ! ; iŕate vicis fēm
trino cupiens supplere nūmo ! equale duā iactavit talentū.
Cui' sonitu excitat' hō ! surrexit ! statiq; egressus fugiētē
taliter sequebat. Siste gradū ! teq; aspectui ! ne subtrahe
nr̄o ! Olim ! te videre desideravi ! sic fatus ! oci' avolat ! spa
cioq; correpto ! nich'm agnovit p umbras. Mox humi ps
tratus osculari satagebat pedes eius. Qd' vir sanct' phibu
it fieri postulans ab eo ne cuiqm̄ dū vitales carpet auras
nich'm hui' rei indicaret auctorē. le V.
His ita tr̄sactis mirrea metropolis ! orbata est suo antistite.
Cui' obitū ! no mediocriter adiacenciū parochiarū cōdolē
tes epi cōvenerūt in unū cū clericis ! ut annuentē dn̄o pvi
derēt eidē eccl'e ydoneū p'sulē. Concione itaq; facta ! int'erat
pontifex quidā ! ad cui' intuitū ! alior̄ pendebat sentencia. Is
g' p omia sequens apl'or̄ vestigia cunctos ieiuniis ; devo
tis p'cib; hortatus est insistere ! ut qui mathiā indicavit
numerū supplere apl'icū quē vellet nūc tanto fungi sacer
docio ! pandere dignaret. Quib; orantib; ! vocē de celo audivit
p'dictus p'sul ! dicentē sibi ! ut quē p'mā hora matutinali
ante portas eccl'ie invenirēt ! antistitē cōsecraret. Adiungēs
eciā quia nicholaus vocaretur. Hiis g' scd'm revelacōnē divi
nam pactis : nicholaus pontificali cathedra sublimatur. Q' fol. 4.
adepto cōfatu ! eamdē mor' gr̄itatē qm̄ prius ! eandēque sectabat.
Quadam v'o die ! cū quidā naute. ¶ le VI. ¶ humilitatē
subita maris tēpestate piclitarētur ! ceperūt clamare

Decemb.

Nicholae famule dei si vera sunt ! que de te audivim ! nūc suc
curre nobis ! ut erepti ab hoc pіculo ! deo 7 tibi grās agamus.
Talia referentib3 ! apparuit quidā ! dicens eis ! Vocastis me !
ecce assū. Et cepit eos adiuvare ! in navis armamētis. Nec
multo post omnis pelagi cecidit fragor ! cessavitq3 ōis tēpestas.
Tūc leti naute ! pacata sulcantes equora ! tandē optatū subie
runt portū. Qui mox ad eccl'iam pperantes ! sēm nich'm ꝯspi
ciunt. Et quē nūqua viderant. Sine iudice cognoverūt. Sta
timq3 pvoluti ad pedes ei⁹ grās egerunt narrantes qualit'
de ꝯfinio mortis eos liberavit.

¶ le VII.

Quodā eciā tēpore ! cū licia pvincia ! paleōsa fames oppres
sisset ! naves triticeis onuste mercib3 ! in litore adriatici
portus ! adesse nunciāt. Quo ! mox adveniens nicholaus nau
tis inqt ! Vos rogaturus accessi ! ut huic popl'o fame laboran
ti ! aliqātulū ex isto frumento ! impartiri studeatis. Promit
to eni vobis ! in dni mei v'tute ! eui servio quia nullā iacturā
cōmō inde habebitis ! apd' regiū exactorē. Tandē ! ī'venta p'sua
sis ꝯvicti ! e singl'is puppib3 centū modiavere modios. Qd'
sēs nicholaus accipiens ! populo distribuit ! put noūat quēq3
egere. Tanta gⁱ largitate dei ! qd' sēs distribuit auctū est ! ut
singulis sufficeret ad victū 7 exinde sererent.

¶ le VIII.

Quadam die quibusdā navigantib3 ! quor⁊ devocio ! tende
bat ad sēm nicholau ! demon in specie mulieris ! se opta
lit. Quib3 ait ! Rogo vos ut hoc oleū ! ad eccl'iam sanctissimi
deferatis ! 7 exinde eiusdem parietes liniatis. Habeo enim
votū tanti pris pēnū īdulicione. Tunc ! illuc usq3 neqiuo
gressū pducere. Illi vero ignari doli ! acceptū fusque ! sumūt
oleū ! 7 libent sēm velut. Tūc monstrū infernū ! umbra
velut tenuis veloci evanuit vestigio. Set dñs ! invidorū
aspector ! nō passus est ! ad famil'm suā pperantes ! munus
ferre simulate ymaginis ! Ex improviso eni ! cernūt cymbā
insignitā refertā homib3 ! Int' quos ! ꝯspiciunt sēm nicholaum
talit' illos alloquentē Heus inqt ! que nā est illa mulier
que vobis locuta est ! vl' q'd vobis attulit ! At illi ! seriatī cūcta
sibi narraverūt. Quib3 ille ! Vultis scire ! que fuit femina illa !
Hec est impudica diana. Et ut verū me dicere cōprobetis
vasculū olei picite in fluctib3. Quo effuso ! contra natura ele
menti ! plixo maris spacio ! ignis visus est ardere. Illis gⁱ stu
pentib3 ab oculis eor⁊ avulsus est ! sanct⁹ nicholaus.

fol. 4b.

¶ le IX.

Cum hiis gⁱ 7 aliis v'tutib3 ! floreret sēs nicholaus ! decidit
in egritudinē ! qua ex hac luce subtract⁹ est. Cernens au
tem mortē inexcusabilē adesse ! cepit indesinent' orare et psal
lere. Et cū in tantā mentis intencōne pfusus oraret ! vidit
gloriosos patronos ! angl'os videlicet scōs ! ad se venientes
Inclinatoq3 capite ! signo crucis se armavit ! 7 psalmū ! in
te dnē sperani ! usq3 in man⁹ tuas cōmendo spm meū ! dicēs
tradidit spm. Cui⁹ exstitit dormicio sexta feria ! intūte eodē
mense ! id est octavo idus decembris 7 quintadecima indic
cione ! imperante xpianissimo dei cultore iustiniano ! anno tri
centesimo 7 nono ! a passione dñi ! sub sctissimo priarcha ma
chario. Positūq3 est sacratis simū corp⁹ ei⁹ ! in g'iosissima do
mū sēe syon ! in dextera parte ipi⁹ aule in sepulchro excelso

tanti sacerdotis humacõni digno. Tumulus v'o ei⁹ ! sacro oleo
manare no desivit ! usq; in hodiernũ diẽ. Ad quẽ quicũq;
pvenitunt egri statim reddunt sanitati p'stante dño nro
ihu xp̃o ! qui cũ p̃re et sp̃ũ sc̃o vivit ⁊ regnat i scl'a scl'or₉ amẽ.
Mercator quidã ! ad scm nicholau — ¶ Post p'mã in cap. le.
profect⁹ ! ab hospite nocte cupiditate pecunie iugulatus
⁊ membratĩ ꝯcisus ! in doleo ex-titit occultat⁹. Nocte v'o me
dia ! scs nicholaus hospiciu ut speciosus miles ingressus ! ap
to doleo cadaver extraxit. Et membra membris coaptans ! nulla
parente cicatrice ! vite restituit. Facto mane ! mercator horũ
ignarus ! surrexit incolumis ⁊ valedicens hospiti iter ar
ripere disposuit intermissũ. Tũc hospes ! horrendũ facin⁹
detexit ! ⁊ qualit⁹ scm nicholau ! sub militis specie viderat ! pan
dit. Mox g° mercator ⁊ hospes ! se in caritate ꝯfederantes ! ad
scm nich'm simul pgentes ! ei⁹ se servicio ppetuo mancipariit.
In octava die sci andree legant₉ ille lc. que ponunt₉ in crastino fes
tũ sui ! si ibi nõ fuerint lecte. Si v'o tũc fu'int lecte legãt₉ iste sequẽtes lc.
Beatus andreas ! post ascensionẽ dñi ! in scicia p'di — ¶ lc p'ma
cavit. Sancto v'o Matheo apl'o apud smirrendonẽ civitatẽ
ppter p'dicacõm incarcerato ! beat⁹ andreas ab anglo sibi appa
rente illuc pduct⁹ flevit multũ. Et orõnib; ! liberacõnẽ eius a
dño impetravit. Cũ autẽ inde fugisset ⁊ beat⁹ andreas ibidẽ
p'dicaret ! cives de fuga beati Mathei ! ⁊ de ei⁹ p'dicacõne cõmoti !
ip̃m ligatis pedib; per plateas trahebãt. Q'd cũ fieret ! et ip̃e
p eis oraret ! ꝯv'si sunt ad fidẽ xp̃i. Et ip̃e inde venit ! in achayam
Cum iuvenis quidã xp̃ian⁹ impeteret₉ a matre ppa — ¶ lc II.
de stupro ! ⁊ ip̃e recusans scelus ! trahendus esset ab ea apd'
iudicẽ ! ut ei imponeret ! qd' ip̃e vim sibi voluisset inferre ! ve
nit ad beatũ andreã petens ut in hac necessitate ! p ip̃o oraret.
Hunc g' tractũ ad iudiciũ ! beat⁹ andreas secut⁹ est ! ut eũ iuva
ret. Cũq; data ẽet sentencia crudelis contra utrũq; ! orante bea
to andrea ! fact⁹ est tant⁹ tremot⁹ ⁊ tonitrua simul ⁊ fulgura
q'd iudex de sede corruit ! ⁊ mat ⁊ pcussa fulgure interiit. Quo vi
so ! iudex ⁊ domus sua conversi sunt ! ⁊ baptizati. — ¶ ! lc III.
Cum pvenisset apl's andreas ad tracias cũ discipulis suis
apparuit ei multitudo hoim a longe ! cũ evaginatis gla
diis ! lanceas in manib; portantes ! q̃ volebant in eos iaculare.
Apl's v'o faciens signũ crucis ait ! Oro dñe ut decidat pat cor₉
qui hoc eos agere instigavit. Et ecce angl's dñi ! cũ magno splẽ
dore p'teriens ! tetigit mucrones cor₉. Qui statim corruerunt
in terrã. Cumq; tñsiret p eos apl's ; oñds proiectis gladiis ado
rabant eũ. Et sic angl's dñi ab eis ! cum ip̃o lumine discessit.
In festo ꝯcepcionis bẽ Marie v'gis. Sermo bĩ anselmi cãtuar ep̃i.
Principiũ quo salus mũdo pcessit ! m' ꝯsiderare — ¶ lc p'ma.
volenti occurit hodierna solẽpnitas : que de ꝯcepcõne be
ate mat's dei Marie ! multis in locis festiva recolitur. Et quidẽ
picis tẽporib; ! frequẽciori usu celebrabat₉ ! ab eis p'cipue in q'b; — *fol. 5b.*
pura simplicitas ⁊ humilior in deũ vigebat devocio. At ubi
⁊ p'sumpta maior sciencia ⁊ p'pollens examinacio rerũ mẽ
tes quorũdã imbruit et erexit : eandẽ solẽpnitatẽ ! spreta pau
perũ simplicitate ! de medio sustulit ! ⁊ eam quasi racõne va
cantem ! in nichili redegit. — ¶ lc II.

Et hii quidē ! ut nulla memoria ! de ꝯcepcõne v'ginis ⁊ ma
tris ! in eccl'ia filii ei⁹ fiat ! nõ parũ sibi racõnis videri af
firmant : eo q' ex nativitate illi⁹ que ubiq; festive recolitur !
cõcepcõis ei⁹ exordiũ satis **memoret**᷑. Nec enĩ aiunt **! nata es**
set ! si cõcepta nõ fuisset. **Et cũ in lucē ex materni uteri secre**
to ꝓdivit : clarũ fuit ! q' in alvo parentis concepta **! in** huma
nam formã cõcevit. Cum itaq; corporis ei⁹ specificata com
posicio ⁊ in hui⁹ mũdi latitudine exhibita veneret᷑ a cũctis
supvacue illa adhuc informis **materia** coleret᷑ que in nõnul
lis sepe ! principiũ plene **! in** humana effigiẽ transeat ! depit ! et
adnichilat᷑. Hac antẽ sua sagacitate pfancti ! q' antiquor᷑
simplicitas ! ⁊ pfecta in dominã rero ꝯstituerat caritas ! fes
tum silicet de ꝯcepcõne illi⁹ sactissime dñe ! sua qua se pollu
re gl'abant᷑ ! actoritatis racõne abolere non timuerũt. ¶ lc III.
Dicunt tamẽ devota in dñi mr̃em caritate fũdati ! non
magni ponď'is sibi videri ! oĩne qđ dignitati ! aut hono
ri ei⁹ humana laude defertur ! si ũitis illius insignib; cõpare
tur. Cũ tamẽ ipsa ꝯcepcio fundamentũ fũit habitaculi sũ
mi boni ! si pẽti alieni⁹ ex pme p'varicacõis origine ! maculã
traxit ! q'd dicend⁹ ! utiq; ! voce divina ! dicitur ad ieremiam :
Priusq̃m te formaré in utero ! novi te ! ⁊ antequã exires **de vul**
va ! scificavi te ! ⁊ pph'tam in gentib; dedi te. **De joh'e quoq;**
angl's ! qui eũ nasciturũ p'nunciabat ! asseruit ! q' spũ scõ reple
retur ! adhuc ex utero matr̃s sue. Si g' ieremias ! q' in gẽtib;
erat pphta futurus ! in vulva est scificat⁹ ! ⁊ ioh'es in **spũ ⁊ v'tute**
helye viã dñi ꝑcessurus ! spũ scõ est ex ut'o matr̃s **sue repletus ; q's**
dic̃e audeat ! singulare tocĩ⁹ scl'i ꝓpiciatoriũ ! **⁊ unici filii dei o!**
potentis ! unicũ ac dulcissimũ reclinatoriũ **! mox in sue ꝯcep**
cõnis exordio speciali spũs scĩ grã fuisse **destitutum.** ¶ lc IIII. *fol. 6.*
Quod si quis ea pme originis pẽcõ **nõ oĩni modis expertẽ**
fuisse pnũciat ! qñ ex legali ꝯiugio maris ⁊ femine cõ
ceptã verissime ꝯstat ! si sentencia catholica est ! ego a catho
licẽ univ'salis eccl'e ũitate nulla volo racõne dissentire.
Magnificenciã tamẽ operacõũ v'tutis divine ! quadã quasi
mentis lippitudine ! ꝯ posse ꝯsiderãs ! videor invidere qr si
quid originalis pẽci inppagacõne matr̃s dei ! ⁊ dñe nr̃e ex
stitit ! ppagancũ ! nõ ꝓpagate pl̃s fuit. Castanea nucem
attende. Cum de sui generis arbore ꝓdit nascitura : involu
crũ illi⁹ ! totũ hispidũ : densisimis aculeis undiq; septũ ap
paret. Intus castanea ꝯcipit᷑ prime quidẽ in modũ lactei
liquoris : nichil hispidũ ! nichil asperũ ! nichil aculeis obnox
ium habens in se ! aut circa se aliquaten⁹ senciens. ¶ lc V.
Attende. Si deus castanee confert ! ut infra spinas a spi
nis remota cõcipiatur ! alatur ! formet᷑ : nõ pot'it dare
corpori humano ! q' ip̃e sibi templũ ! in quo corporalit' hita
ret ! ⁊ de quo ! in unitate sue psone pfectus hõ fieret ! ut licet
inter spinas pẽcor᷑ ꝯcipetur ! ab ip̃is tamẽ spinar᷑ aculeis om
nimodis exsors redderet᷑. Potuit plane ! si g' voluit ! fecit.
Et quidẽ quicq'd digni⁹ unq̃m de aliquo ! extra suã psonam
voluit ; patet eũ de te ! o beatissima feminar᷑ : voluisse.
Volúit enĩ ! te fieri mr̃em suã. Et quod voluit ! fecit. Quisq's
g' a diẽ hũ ꝯcepcõis tue ! gaudiũ eiusdẽ cõcepcõis tollit eccl'e

dei ! aut nō bene attendit ! aut attendere negligit ! aut nes
cit bonū ! qd' inde pcessit oīni creature dei. ¶ lc. VI.
Ad hec ! assertor ille pure c̄titatis ! 7 a filio tuo ! iam celo
p'sidente ! vas eleccionis cognominat' : oīns hoīes in
adam peccasse fatetur. Vera utiq3 sentencia est ! 7 cui cōtra
dic'e nephas ēe pūcio. Set cū eminencia grē dei ! in te
beata v'go cōsidero ! sicut te nō inter omnia ! set supra oīnia que
facta sunt ! inestimabili m° cōtueor : ita te ! nō lege natura
alior ! in tua cōcepcōne devinctā fuisse opinor : set singl'a
ri humano intellectu ! 7 inpenetrabili divinitatis v'tute
7 opacōne ! ab omis pcci admixtione liberrimā. Solū eni pccm
fuerat : qd' homines a pace dei dirimebat. At ut filius dei ! illud
evacuaret sicq3 ad pacē dei humanū genus revocaret ! hō fieri
voluit ! 7 talis homo ut nichil in eo ēet ! qd' aliquaten' cōcorda
ret ei ! unde homo a deo discordabat. Quia g° ita fieri oportebat
mr̄em ! de qua talis crearetur mūdā sēp ēe ab oī pcco decebat. ¶ lc VII.
Igitur ! si primordia creacōnis illi' alio intuitu ! q' alior ! de pPa
gine ade pcreneciū considero ! p'cor vultū nemo subsannādo av'
tat. Nemo lq' pietatis 7 quē deus dat purē devocōnis affectū
in dei genetrice pmotis ! suo sensu ! aliqua animositate duct'
evertere hoc temptet ! nisi fidei xp̄iane penit' contrariū esse
certus existat. Videas queso aliquē p'potentē ! sibi palacium
qd' specialit' suis usib3 aptū existat cōstruere volentē ! in quo
7 ipē frequenciori ! 7 festiviori occursu cōv̄setur ! 7 omib3 ope
eius atq3 cōsilio indigentib3 ! micōri 7 leciori vultu 7 voce res
pondeat 7 auxilietur. Patietur ne queso ipi' palacii fūdamē
tū invalidū fieri vel lutulentū ! 7 structure que foret edifi
cata incongruū ! 7 nō coherens ? Non puto : si saperet ! et p
positū suū ad effectū perducere vellet. ¶ lc VIII.
Sapiencia equidē dei ! ante omia sel'a pposuisse sibi hita
culū qd' specialit' inhabitaret cōstructurā ! indubitata
fide tenem'. Qd' autē ipm hitaculū fuerit : iam mūdo dudū
innotuit. Hoc eni hitacl'm ! illud sci spc sacrariū oēs fatear
in quo 7 per qd' ! eadē sapiencia dei ! humane nature cōiungi
voluit 7 incorporari ! et oībus ad se pura mente cōfugientib3 !
parcere 7 misereri. Qd' sacrariū ! aula videlicet univ'salis p
piciacōnis ! ut coopante spū scō cōstrueretur ! fundamēti ipi'
iniciū p'mordiū cōcepcōnis bē marie ! qm ipama ulā nomina
mus ! prout intelligo existit. Si g'aliqua alicui' pcci macula
cōcepcio ipsa corrupta fuit : fundamentū habitaculi sapīe
dei ! ipi structure nō cōgruebat ! nec coherebat. ¶ lc IX.
Et quom° fieri potuit ! ut pcci ppiciacio ! unū 7 idem ēē ha
beret cū pcco ? Que eni societas lucis ad tenebras ? In
scia ne fuit ! aut impotens sapiencia dei 7 v'tus ! mūdū sibi
ex oīni parte hitaculū condere ! remota ociā labe cōdicōnis
humane ? Angl'os aliis peccātib3 a pcco servavit : et fe
minā matrē suā futurā ! ab alior pcē exsorte servare
nō valuit ? In et'nitate cōsilii sui fixū statuit ! ea dn̄atrīce !
7 regina angl'or fore ! 7 nō inferiorē grām angl'is nactā !
in cōforciū cōceptā eē credim' hoīm pccor ? Estimet hoc
qui vult ! argumētis suis pbet qui vult ! hiis que dicimus
adv'setur qui vult : ego donec deus ostendat m' aliquid ! dig

Decemb.—

nius excellencie dñe meo posse dici : quo dixi dico ! que sc'psi
nō muto. Ceterū : me ɂ intencōm meā ! filio ei' ɂ illi cōmitto.
Tempore quo Will'ms dux ¶ Post primā in capl'o lc.
normānorū ; p'mo sibi angliā subegit ! indignati ex hoc
dāci quasi ex heredati ! classem parant ! ut normānos ab an
glia expellāt. Quo cōpto rex prudentissim' h'elsinū abbatē
amescye virū sc̄m in daciā dirigit ! ut p'sūpta cōpescat. Q'
negociū iniunctū strenue expediens ! ɂ p mare rediens gⁿi
tēpestate suborta nautis desperantib; beatissimā dei genit'ce
mariā desperatorū refugiū invocat. Et ecce subito quidā pon
tificali infula decorat' ! inter undas maris apparuit. Et navi
approximans abbatēq; ad se advocans ! vis inquit evadere
ɂ ad p'riam redire ? Quo cū flatu hoc se sūmc desiderare res
pondente ! scias ait me ! a beata v'gine quā invocasti directū.
Et si ipi' cōncepcōm ! te celebraturū ! ɂ hoc aliis pcursurum
pmittes ! in patriā pspe remeabis. Q̄ndo inquit abbas.
Vel qualit' hoc facienda est ? Sexto ait idus decembris cum
officio nativitatis eiusdē ! nōiē tm̄ mutato. Hiis dictis ! dis
paruit ! ɂ tēpestate sedatā ! in angliā pspe applicuit ɂ qd'
iussu sibi fuerat p viribȝ adimplevit. Nos igitur frēs ! si
portū salutis volum' intrare ! stelle maris marie ɔcepcō
nē ! studeam' devoci' celebrare. In festo sc̄e luce v'gis. lc. p'ma.
Cum p univ'sa siciliam ! beate agathe v'ginis fama crebres
ceret ! ɂ syracusan' popl's pgeret ad sepulchrū ei' ven'an
dum ! cōtigit luciā v'ginē ! nobilissima syracusanorū ! simul
pgere cū matre eucicia. Que p annos quatuor fluxum
sang'nis paciebatur ! nec ullus pot'at medicorū remediis libe ea fol. 7 b
rari. Igitur ! dū minist'ia agerentur ev'ngelii lectio memorata
fuit qua legitur ! fymbria vestimenti xp̄i ! mulierē a sanginis
fluxu eē sanatā. Dū autē recitaretur ! dixit lucia matri sue.
Si credis hiis que leguntur ! crede ɂ agatham passā pro nōie
xp̄i hoc meruisse ! ut semp in p'sencia eū habeat. Contingo
ergo sepulchrū eius credens ! ɂ liberaberis. ¶ lc. II.
Igitur cū popl's abscessisset ! pstraverūt se ante sepulchrū beate
agathe mat' ɂ filia. Et ceperūt ! cū lacrimis flagitare suf
fragiū. Inter : sompn' luciā arripuit. Et vidit in sompnis
agatham in medio angl'orū gēmis ornatā dicentē sibi. Soror
mea lucia qd a me petis ! qd' ipa poteris p'stare continuo.
Nam ɂ matri tue ! fides tua subvenit. Et ecce sanata est.
Hiis auditis ! expgefacta lucia surrexit tremens ! ɂ ait mat'.
Ecce salva facta es. Per ipam te dep'cor ! que te ɂ salvavit
ne m' sponsū aliqūdo nomines. Set omnia que m' eunti
ad corrupcōis actorē eras datura ! da m' eunti ad integrita
tes auctorē ! dūm meū ihm xp̄m. Cui mat'. Tego oculos
meos ! quecūq; tibi placuerint ! de hiis facultatib; facito.
Lucia dixit mat' sue. Non satis deo carus est ! qui illi lc. III.
hoc dat ! qd' secū ferre nō potest. Vivens g° dā xp̄o qd'
possides ! ɂ quicq'd m' te daturā cogitabas ! xp̄o incipe tradere.
Igitur cū de iis cotidie sermocinaretur cū matre ! fiebat rerū
distractio ! ɂ in pauperū necessitatib; expendebantur. Inter
ad sponsi hoc noticiā pvenit et pponit litem ! in iudicio
pascasii ɔsularis ! dicens sponsā suā xp̄ianissimā eē. Qūi

pascasius cepit ad sacrificia demonū invitare. Cui lucia.
Ego p tres annos ꝰ nichil aliud egi ꝰ nisi sacrificavi deo vivo.
Iam ꝰ qr nichil ē ut sacͥficē ꝰ meipsa offero deo hostiā viventē.
Pascasius ꝰ dixit ad luciā. Patrimoniū tuū ꝰ cū ¶ lc. IIII.
corruptoribꝫ tuis expendisti. Lucia dixit. Patͥmoniū
meū ꝰ tuto loco ꝯstitui. Corruptores autē nec mentis nec
corporis ꝰ aliq̄ndo suscepi. Pascasius ꝰ dixit. Qͥ sūt corrupto
res mentis ⁊ corporis ? Lucia dixit. Corruptores mentis
vos estis ꝰ de quibꝫ dixit apl's. Corrūpūt bonos mores ꝰ colͥ fol. 8.
loquia mala. Suadetis eni aīas rectͥricari ꝰ ut dimittat
creatorē suū ⁊ seq̄tur diabolū in ydolis. Corruptores v̄o
corporis sūt hii ꝰ qͥ tēporalē delectacōm p̄ponūt delectacoibꝫ sēpitnis.
Pascasius dixit luciē. Cessabunt v̄ba : cū pventū ¶ lc. V.
fuerit ad v̄bera. Lucia dixit. Verba dei ꝰ cessare nō po
terūt ꝰ qr ip̄e dixit. Nō vos loquimini in ꝯspectu iudicum ꝰ
sꝫ sp̄s sc̄s loq'tur in vobis. Pascasius dixit. In te gͦ sp̄s sc̄s
est ? Lucia dixit. Caste viventes ꝰ templū dei sunt ꝰ ⁊ sic sp̄s
sc̄s habitat in eis. Pascasius dixit. Ego te faciā ad lupanar
duci ut fugiat a te sp̄s sc̄s. Lucia dixit. Nuq̄'inq̄natur cor
pus ꝰ nisi de consensu mentis. Nam ꝰ si invitā me feceris vi
olari castitas mͥ duplicabitur ad coronam. ¶ lc VI.
Tūc ꝰ c̄osularis iussit venire lenones ⁊ tradidit eis lu
ciam dicens. Invitate popl'm ꝰ ⁊ facite eā tam diu il
ludi quousqꝫ mͥ mortua nūcietur. At ubi ceperut ꝰ velle
eā trahere ad lupanar tāto pōdere fixit eā sp̄s sc̄s ut pe
nitus moveri non posset. Accedentes autē multi ⁊ impu
denter trahentes ꝰ deficiebat sudore ꝰ ⁊ v'go imobilis c̄osiste
bat. Tunc miserunt funes in manꝰ eiꝰ ⁊ pedes ꝰ ⁊ ceperūt
trahere. At illa ꝰ quasi mons ꝰ imobilis pmanebat. ¶ lc VII.
Tunc pascasius vocavit magos ꝰ ⁊ aruspices ⁊ tēplorꝝ
sacerdotes. Qui om̄s agebant sup̄sticōnes suas contra
virginē. At ip̄a sic pmanebat fixa ꝰ ut nec p aera vestigia
eius moverentꝝ. Tandē ꝰ adducta sūt multa paria boum
ut traheretur ꝰ ⁊ om̄ino nō potuit moveri. Tūc dixit
pascasius. Que sunt ista maleficia tua ? Lucia dixit. Is
ta maleficia nō sūt ꝰ set sunt dei bn̄ficia. Torquebatur
itaque aio ꝰ pascasius. Cui virgo : Quid cruciaris ? Templū
dei me ēe ꝰ si pbasti ꝰ iam crede. Si nō pbasti ꝰ disce. ¶ lc VIII.
Tunc ignē circa v'ginē fecit iudex copiosū accendi ꝰ ita
ut picē ⁊ resinā ⁊ fervens oleū ꝰ sup eam iactarēt. Et
illa ꝰ stetit imobilis ꝰ dicens ei. Ego rogavi dn̄m ihm xp̄m
ut ignis iste nō dn̄etur in me : quatinꝰ tibi insultent ꝰ
ꝯfidentes in xp̄o ꝰ Tandē ꝰ nō ferentes amici eiꝰ iniuriā ꝰ gla fol 8b.
diū in v'ginis visceribꝫ mergi fecerūt. Iam autē pcussa
oravit ꝰ ⁊ allocuta est turbā circūstantē dicens. Sicut
habet civitas ꝰ cathinensiū int'venientē sororē meā agathen ꝰ
ita me sciatis ꝰ isti civitati datā a dn̄o ꝰ si voluntatē dei fa
cientes suscepitis fidem. ¶ lc IX.
Hec loquente dei famula lucia ꝰ ante ocl'os eiꝰ ferro vinc
tus ducebatꝝ pascasius. Concurrebat eni relacōnes ꝰ
qͥ fuisset p'latꝰ p'vinciā. Qͥ pducꝰ romā ꝰ accepit sentēciā
capitalē. Dei autē martyr ⁊ v'go ꝰ de loco in quo pcussa ē

penit⁹ mota nō est : nec exivit aqua ei⁹ : donec venientes sacerdotes ei divina misteria darēt. Tunc omnibꝫ respondentibꝫ : amen : emisit sp̄m. In eodē autē loco : fabricata est eccl'ia in honore ip̄ius. In qua : florent bñficia divina m'itis eius ⁊ p'cibꝫ : ad laudē ⁊ gl'iam dñi nr̄i ihū **xp̄i qui** cū prē ⁊ sp̄ū sc̄o vivit ⁊ regnat deus : **p oīa sel'a sel'or'. Tu A'.**
¶ Post p'ūā in cap̄l'o legatur una le. **de cōi uni⁹** v'gis ⁊ mīis. Eodē m'o : sēp q̄n'do deficit in festis scōr₂ cū regīe chori le. p'p'a tūc legat₂ una de cōi tal' **sci. In festo sci** thome apl'i le p'ma.
Beatum thomā : cū reliquis discipl'is ad officiū apl'at⁹ electū ipm q₃ a dño didimū q' int'pretatur gemin⁹ vocitatū : fides evāgl'ica narrat. Qui post dñice gl'iam ascencōis , cū moraret₂ in ier'm : divina cōmonicōne iussus est indiā aggredi : ut popl'o qui sedebat in tenebris lumē ostenderet veritatis. Quo : cū ille quasi ionas a facie dñi fugiens : ire differret : nec impleret que sibi divinitus p'cipiebant₂ regio enī illa longinq̄ ⁊ gravis erat incole quoque terre illi⁹ iniqui : ⁊ ignorantes d'itatē : apparuit ei dñs : in **visu** noctis dicens. Ne timeas thoma ascendere in indiam : ego enim tecum ero. ¶ lc II.
In illis vero dieb₃ : missus erat quidā abbanes nōie a **rege** indie : requirens artificē qui ei palaciū posset edificare. Cui redituro in p̄riam : iunxit se thomas : ⁊ cū ip̄o descēdit ad mare. Et ascendentes navē : mense tercio in inferiorem indiam evecti sunt. Cepit g° p'dicare beat⁹ **thom̄s** *fol. 9*
p totā indiā : evāgelizans dñm ihm xp̄m. Nec solū sermonibꝫ set eciā op'ibꝫ : fidē barbaricis pectoribꝫ inserebat. Ita ille autē pridie incredulus qui dixerat : nisi videro fixuras clavor₂ nō credā : credentes dño popl'os aggregabat. Inventis autē in india viros pariter ac feminas qui v'bū dei suscipiunt : q̄r sanabat infirmos eor₂. Audiens g° misdeus quidā rex : signa que faciebat beat⁹ apl's : **ius**sit eū adduci ad se. Cui ⁊ dixit. Qd' est gen⁹ tuū : vl' quis deus tuus in cui⁹ nōie hec signa facis. Beat⁹ thomas respondit. Deus meus deus verus est : creator celi ⁊ terre ⁊ oīm q̄ i eis sūt. Q' aut⁹ coli debes : nō ydola surda **⁊ muta.**
His auditis : rex irat⁹ valde iussit apl'm extensū torqueri ⁊ deī in carcerē recludi. At beat⁹ apl's grās agebat deo : q' dign⁹ ēēt talia p ei⁹ nōie pati. Interī migdonia : uxor carisii cognati regis : cū narcissa nutrice sua ⁊ tripecia uxore regis : cū filio suo zaza euntes ad carcerē data custodib₃ pecunia ad apl'm introibāt ⁊ v'bū dei audiebant. Cūq₃ nūciatū hoc fuisset misdeo regi : q' scilicet uxor ei⁹ ⁊ filius ẽēs crat ap̄l'm dei : irat⁹ valde p'cepit adduci uxorē ⁊ filiū. Quibꝫ cū persuadere nō posset ut ab hac via recederent : iussit uxorem suā in obscuro loco recludi. filiū autē suū cū beato apl'o : in carcerē colligari. Set et carisius uxorē suā migdoniā cū nutrice eius narcissa : similr' reclusit in cellula tenebrosa. ¶ lc IIII.
Tunc iratus rex iussit lamnas ferreas ignitas : ⁊ apl'm discalciari ut nudis pedibꝫ staret super eas : hec dolore deficeret. **Stat'q₃** p'rupit aqua : ⁊ extincte sūt lamne. **Iussit**

tunc cū rex in fornacē ĩmarꝰ mitti. Quo facto ! ĩne ultra
calere minime potuerūt ! set nec parvū quidē tempore
habere. Apl's autē dei ! altera die eiect' est incolumis.
Iussit g° rex ! ut in tēplo simulacro solis ! sacrificiū in
ferret. Intrigressus apl's ! ait ad simulacrum
In noĩe dñi mei ihu xp̄i ! impo tibi demon ! q' in hoc simu
lacro lates ! ut nullū ledens hoĩem ! hoc metallū cōminu fol. 9 b.
as. Stat'q; ut cera iuxta ignē posita ! liquescens ydolū !
resolutū est. Cōmot' nimium rex ! q' simulacrū solis comi
nutū ēet ! apl'm thomā ! 7 filiū suū zuzā ! pl'imosq; retrudi
p'cepit in carcerē. Ubi nō desinebat apl's ꝯfirmare creden
tes ! ianuis clausis 7 obseratis ! quo volebat exiens ! 7 q's
volebat immittens 7 emittens. Custodes autē ! p'mo mu
abierūt ad regē petentes ut tolleret̄ magus ille ! 7 alibi
recluderet̄ ! eo q' clausā oĩme ! magica potestate resararet.
Hiis auditis ! statim rex signacula que imposita ¶ le V.
erat ianuis requisivit 7 eodē m° quo ante fuerant
repperit. Unde cōmotus in custodes ! ait eos fallere ! qui
introisse in carcerē tripeciā ! 7 migdoniā 7 exisse dicerent
cū signacula remota nō essent. At illi ! v̄itatē se intimas
se ! cū iuramēto asserebāt. Minanti g° regi q' apl'o non
parceret ! donec maleficia ei' abolerent̄ ! ut oĩmis india
mūdaret̄ ! respondit thom̄. Hec maleficia mecū semp
hēbunt̄. Set cognosce hoc ! qr nec hic deerūt. Cogitabat
itaq; rex quē̄admodū thomā occidi iuberet. Verebatur
enī popl'm ! qr de eminencorib; viris ! ei' opa mirabant̄
7 credebant in dñm ihm. Cū ip̄o g° de civitate egredi cepit
armis sept'. Populus autē putabat ! q' aliq'd rex vellet
ab eo discere ! 7 ille regē docere. Set egressus rex mediam
fere partē miliarii ! tradidit cū quatuor militib; ! ut du
centes in montē ! ibi eū gladio percuterēt. Et versus
est rex in civitatē ! ubi hoc militib; impavit. ¶ le VI.
Ubi venit thoĩns ! ad locū passionis ! cohortat' est sese
sequentē plebē ! ut fidē servarent dño ihu ! pietatēq;
exhiberent. Iussit eciā dari p'ciū custodib; ! ut orandi licē
ciam impetraret. Qui data sibi copia orandi ! cepit sic
grās agere deo. Tu dñe ! annūciasti m' me tuū ēē. Propt'
qd' ! uxorē nō duxi ! ut totus tibi vacarē. Diviciarum
. . . . . quoq; scl'ariū cupidū animū ! celesti pmissio
ne ac monicōne revocasti ! docens in peccuniis dispē
dia nr̃a ēe ! nō cōmoda. Adesto dñe ! ut cū pace 7 grā ! de hoc fol. 10.
mūdo t'nseam ad te. Hec p'catus ! ait apl's militib;. Venite
ꝯsumate p'ceptū ei' ! qui misit vos. Accesserūt g° quator
milites ! 7 lanceis t'nsverberaverūt apl'm. Quē cū lacrimis
sepelierūt frēs ! in sepulcro ! in quo reges sepeliebant̄ ! p'ciosis
vestib; amictū. Q'b; in urbē redire recusantib; ! 7 ad sepul
crū totā diē residentib; ! apparuit dicens. Q'd sedetis ! custodi
entes me ? Non hic sū. Ascendi eni ! et recepi omia ! que
spari. Post nō multū s'o tēporis ! corp' scī apl'i ! de eodē loco
quidā frēs rapuerūt ! 7 in urbē edissam t'nstulerūt ! ubi
florent m'ita ! 7 v'tutes m'itor̄ ei' ! ad laudē ! 7 gl'iam nois dei !
qui vivit 7 regnat ! p oĩa scl'a scl'or̄ amē. le VII. scd' ioh'em.
In illo tr ! Thomā un' ex duodici ! qui dicitur didim' ! non

erat cū eis ! q̄ndo venit ihs. Dixerūt gᵒ alii discipl'i. Vidim⁹
dūm. Et reliq̄ ¶ Omelia bī gregorii pape.
Iste unus discipl's defuit : reu̇sus que gesta sunt audivit !
audita cred'e renuit. Venit iterū dn̄s ! ⁊ nō credenti dis
cipulo ! latus palpandū p'buit ! man⁹ ostendit : ⁊ ostensa suor᷑
cicatricē vulnerū infidelitatis illi⁹ vuln⁹ sanavit. Quid
frēs kmi ! q'd int̃ hec aīadv̄titis ? Nūq'd casu gestū creditis :
ut elect⁹ ille discipl's tūc deesset ! post hec veniens audiret !
audiens dubitaret ! dubitans palparet ! palpās crederet ?
Non hoc casu : set divina dispensacōne gestum est. ¶ lc VIII.
Egit itaq̄ʒ miro modo supna clemencia ! ut discipl's du
bitans ! dū in magistro suo vuln'a palparet carias
in nobis vuln'a sanaret infidelitatis. Plus enī nobis tho
me infidelitas ad fidē : q̄ᵐ fides disciplor᷑ credenciū profuit.
Quia ! dū ille ad fidē palpando reducit᷑ ! nr̄a mens oīm dubi
tacōne postposita in fide solidat᷑. Sic quippe discipl'm dn̄s
post resurreccōnē suā dubitare pmisit ! nec tamē indubita
cōne deseruit : sicut ante nativitatē suā ! habere mariā spō
sum voluit qui tamē ad ei⁹ nupcias : nō pvenit. Nam ita
fact⁹ est discipl's ! dubitans ⁊ palpans ! testis vere resurrec
cōnis ! sic sponsus mat's fu'at custos integ'rime v'ginitatis.
Palpavit autē thom̄s ! ⁊ exclamavit. Dn̄s meus ! ⁊ deus ! lc IX. ⁶¹ *fol.* 106.
meus. Dicit ei ihs. Quia vidisti me ! credidisti. Cū
paulus apl's dicat ! est autē fides spandarū substancia
rerū argumentū nō apparenciū : pfecto liquet ! qr fides il
larū rerū argumentū est ! que apparere nō possūt. Que ete
ni apparēt iam fidē nō habēt : set agnicōm. Dū gᵒ vidit
thom̄s ! dū palpavit ! cur ei dicit᷑ ! qr vidisti me credidisti ?
Set aliud vidit ! aliud credidit. A mortali q̄ppe hōie ! divini
tas videri nō potuit. Hoīem gᵒ vidit ⁊ deū ꝯfessus ē : dicēs
Dn̄s m̄s : ⁊ deus m̄s. Videndo gᵒ credidit : qui ꝯsiderando ve
rum hoīem ! hūc deū quē videre non potⁱat : exclamavit.
Thom̄s int̃pretat⁹ abyssus. Que int̃preta ¶ pᵒ p'ma lc.
cio nois recte isti congruit. Quia sicut abyssus ! immē
sam habet pfunditatē : sic ip̄e palpādo dn̄icū corp⁹ ! pfundā
divinitatis in eo intellexerat. De quo ! sc'ptū ē. Iudicia tua
abyssus multa. Aliud enī palpavit corpore ! ⁊ aliud cre
didit corde. Palpavit hoīem : credidit deū. Et ideo : excla
mans dixit ei. Deus meus ! ⁊ dn̄s m̄s. Dicit ei ihs. Quia
vidisti me thoma ! credidisti. Beati qui nō viderūt ! et
crediderūt. In hoc v̄siculo ! nō solū fides thome collauda
tur ! set eciā usā salus futura p'dicitur. Ac si diceret dn̄s !
Tu quidē beat⁹ es ! qr vidisti me ⁊ credidisti : set ⁊ illi beati
erūt ! qui nō videntes me corpore credituri sūt mente.
In festo sci felicis ep̄i ⁊ mris ! de quo nos celebram⁹ licet alii
eodē die de alio scō felice in pincis p'sbt'o celebrent. ¶ lc p'ma.
Temporibʒ diocleciani ⁊ maximiani impator᷑ ! exiit edic
tū p oīās princias ! ut libros divinos extorquerent
de manibʒ ep̄or᷑ ⁊ p'sbt'or᷑. Tūc ! beat⁹ felix ! ep̄s civitatis
tubizacensis cōp̄hensus ! missus est cartaginē ! ad anolinū
pcōsulē. Cui ! anolinus dixit. Habes scripturas supvacuas ?
Felix ep̄s dixit. Habes sc'pturas sʒ ut tu asseris nō supra

coas ! quas cognosco ! a me nequaq' tradendas. Audiu'
g° proconsul ! iussit eũ romã ! ad prefecto p'torii. Prefect' mi
sit eũ nolã post impatores : duris nexib; cathenatũ. Col
ligatus beat' felix ! iacuit in subsellio navis sub pedibus *fol. 11*
equor~ ! quatuor dieb; 7 quatuor noctib; ! panẽ nõ comedẽs
nec aquã hñens ! icuiusq; venit nolam. ¶ le. II.
Cognitor g' memorate civitatis ! beatũ felicẽ epm ! grã
oib; vinculis innodatũ ! sibi p'sentari ꝯstituit. Cui
sic ait. Si in tua ppria civitate ! vel apd' cartaginẽ sc'pturas
deificas ad cõburendũ tradidisses : nd me huicusq; minime
adduct' fuisses. Felix epẽ dixit. Sicut dñ'sis inquirentib;
iam supra respondẽdi ita eciã tibi m° certissime respondeo
7 manifesto : qr sc'pturas divinas nullo m° tradam. Cog
nitor dixit. Si sc'pturas deificas tradere volueris : capite
plecteris. Felix epẽ dixit. Parat' sũ poci' plecti ! q' li
bros dñicos sacrilegis tradere. Tunc memorat' cognitor
dixit. Qm̃ felix epẽ ! tantũ in hac ꝯfessione duravit ! ideo
scd'm p'ceptũ p'ncipũ eundẽ gladio aiadv'ti ꝯstituo. ¶ le. III.
Beatus felix epẽ ! elevans oculos suos ad celũ ! dixit. De
us grãs tibi ago : qui p quinqꝗgita 7 sex annos ! v'gini
tatẽ meã custodire dignat' es in p'senti scl'o. Et nũc dñe
pp̃ter te 7 pp̃t tuã legẽ hec pacior 7 cervice meã letus ad
victimã flecto. Peto g° ut tu capias spm̃ meũ de hoc mor
tali secl'o qr tu solus es vivens 7 pmanens gl'iosus i scl'a
scl'or~. Hac orõne cõpleta ! educt' a militib; nono decimo
kalendas februarii ! ibidẽ est decollat' ! positũq; est nole
corp' ei'. Per religiosos autẽ dei servos ! beati felicis reliq'e
postea cartaginẽ sũt plate. In quo loco : m'itis beati feli
cis ! multa miracula fiunt ! p'stante dño nõo ihu xp̃o : cui
est honor 7 gl'ia p infinita secla scl'or~ amẽ.
Beatus maurus ! clarissimo senator~ ge ¶ In festo sci mauri abbis ! le. I.
nere exortus ! duodenis scõ bñdco sub regl'ari nitend'
institucone ! a parẽtib; est tradit'. Qui cũ adhuc iunior
bonis polleret morib; ! magist' cepit adiutor existere : ac ei'
miracl'or~ coopator ẽe. Hũc sanct' bñdict' ! pom̃ib; semp
carius dilexit ! 7 instruxit ! atq; ita in dei formavit servi
cio ! ut nemini post ipm ! in cenobiali observacõne ẽet secd's.
Nam in dieb; scẽ quadragesime nec cuculla nec tunica s; *fol. 11 b.*
solũm° sacco cilicino utebatur ! 7 duab; tm̃ vicib; in ebdo
mada ! parvissimũ poci' p'gustabat ! q' sumebat cibũ. ¶ le. II.
Eodẽ g' tẽpore ! beat' berticrãnus. Cenomanensis epẽ
audita fama scĩtatis ! viri ven'abilis bñdicti cũ mag
nis exeniis : ad eũ nũcios misit ! flodegariũ archidiaconũ
7 harderadũ vice dñm suũ ! multis eũ exorans p'cib; ! ut illi
pfectos dirig'et monachos. Qui ! monasteriũ scd'm regl'a
ris ordinẽ observacõis ! in fũdo eccl'ie qm̃ regebat ! edificarẽt.
Tũc mittit~ a scõ pr̃e beat' maurus ! quatuor sociis sibi datis.
Cũq; vercellas cũ sociis ; 7 p'dictis nũciis advenisset ! ibiq; a
cl'icis ipi' civitatis honorifice suscepti fuissent : p'dict' harde
radus ! p gradus caiusdã altissime turris deambulãs ! p'cipi
tatus est. Et pene effect' exanimis ! de vita despare cepit.
Set hũc ! scs maurus p'missa oracõne sanavit. Cecũ eciã in

eodem itin'e ! apd' eccl'iam p'cisor' martyrū mauricii **et locū**
rum eius ! illuminavit. ¶ le. III.
Igitur post scōr. locor. visitacoēm ! post multor. p viā mira
clor. gl'iosam opacōm ! tandē beat' maurus aurelianis p
veniens ! scm̄ berticrānum epm ! ad dcū migrasse audivit ! **et**
aliū loco ei' pontificē cstitutū. **Qui** ! cū maurū recipe vola
isset ! nobili viro floro ! dante locū ad monasteriū cstituendū
coadiuvante theoleberto nobilissimo rege francor. ! **iuxta**
fluviū ligerim ! monast'iu **cstruens ! in honore bi** martini
cseeri fecit eccl'iam ! in qua ! post miracl'or. insignia ! 7 scē
vite cv'sacōm ! 7 disciplor. multor. in formacione ! cōpletis
vite sue ! annis septuaginta duob3 ! 7 dieb3 qtuordecī ! migrās
ad dñm ! sepult' est ad dexterā partē altaris.

¶ In festo scī marcelli pape **7 mīs le. I.**

Maximian' august' filius
diodeciani precepit ! ut xp̄iani ubicūq3 inventi essent
punirent. Eodem tempore ! tenuit ciriacū urbis diaconū
7 misit in custodiā ! Et p'cepit ! ut in die processionis sue
ad exemplū xp̄ianor. ! nudus cathenis obligat' ! ante rotā
ei' traheretur. In die ante pcessionis sue veniens marcel
lus urbis rome epc ! obtulit eo maximiano augusto ! dicēs
ei. Pietati tue suggero. Servos dei ! qui erāt p regno tuo !
7 pro republica ! quare trucidas ! Tūc irat' maximian'
august' p'cepit ut fustib3 ceder et. 7 expelleret. **marcell' epc.**
Post hec ! maximian' august' iussit oēs vinctos ¶ le II.
qui erāt in custodia ! una cū cyriaco capite **trūcari. Et**
data sentencia ducti sūt cū cyriaco diacono ! ponticni **sex**
us ! nume'o viginti 7 un' 7 decollati sūt via salaria ! **intra**
t'ions salustii ! foris muros. Quor. corpora ! collegit noctu
iohes p'sbit' 7 sepelivit. Post dies octo veniens beat' mar
cellus epc ! cū lucina matrona xp̄ianissima ! cdivit corpo
ra scor. cū aromatib3 7 linthiaminib3. Et tulerūt ea
in pdiū ei' via salaria ! miliario ab urbe roma septimo.
Ubi req'escūt in sarcophagis lapideis ! quos manu sua
recondidit beata lucina in pace ! octavo die mēsis augusti.
Eodem tēpore ! beata lucina fecit donacōm de ¶ le III.
facultate sua ! eccl'ie catholice. Hoc audiens maximi
an' august' pscripsione eam indignat' pscripsione eam dāpnavit. **Beata**
autē lucina rogavit scm̄ marcellum epm ! ut domū eius
eccl'iam cseeraret. Qd' ! 7 cū omi devocōne fecit ! beat' **mar**
cellus epc. At ubi frequent' in eadē domo missas celebra
ret ! in media via lata ! audiens hoc maximian' august'
iussit ! ut in eadē eccl'ia planctes sternerent. ! ad stabla catha
buli publici 7 ibidē marcellū epm deputavit ad serviciū
stabli : cū custodia puplica. Ubi ociā post multos annos
serviendo ! requievit in pace. Cui' corp' rapuit iohes p's
biter noctu cū beata lucina ! 7 cdivit cū aromatibus
et sepelivit in cimit'io priscille via salaria ! non longe
ab urbe roma. ¶ In festo scī sulpicii epī ! le p'ma.
Beatus sulpicius ! in domo parentū ! adhuc sel'ariter
vivens ! aut eccl'ias ! aut monast'ia cstruere ! aut cet'a
caritatis opa studuit ex'cere ! in tantū ! ut **7 matrimoniū**

amore spaceret castitatis. Demû clericus effect^9 ! succedentibꝫ ecclesiasticis ordinibꝫ ! electone cleri 7 popl'i ! in bytrici census epm sublimat⸗. Ex tûc post eccl'ie regimen ! curam paupû toto nisu gerens alimenta eis cû vestibꝫ pvidebat. *fol. 12b.* Ieiuniis eciâ vacans 7 vigiliis : nocte ante liné perfectâ psalterii ! de eccl'ia non recessit. ¶ lc II.

Eo tempore ! p'cipiente rege francor^9 dagoberto ! p feroce hoiem ! noie lulione ! biturice plebi ! census imponitur insuetus ! unde ppl'us lamentando : beatû adiens suppliciû remediû p'cabatur. Qui mot^9 pietate triduana omibꝫ indixit ieiuniû ! divinâ postulans m̃iam ut afflicconẽ popl'i relevaret. Deinde quendâ cl'icû misit ad regẽ ! qui de tanto scelere cû redargueret ! 7 nisi emendaret ! celeré ei int'itû nûciaret. Rex v'o pterrit^9 p'cepit dictâ censû ! 7 ip'^9 descripsionẽ penit^9 irritari. Ita popl's ille ! usqꝫ hodie ! i p'stina remanet.

Cum antẽ beat^9 sulpicius eccl'iar⸗ ¶ lc III. ¶ libertate paupû 7 plebis ! se videretnegociis pgravari ! sibi peciit coadiutorem. Cui rex assensû p'bens ! virû dedit prudentissimû ! quẽ volebat. Ipẽ v'o paupû ! ut prius curam gerens ! nõnullis detrahentibꝫ q' epatum reliquerat ! laudẽ fugiens humanâ ! in incepto ope psistebat. Post hec ! plen^9 dierû 7 bonor⸗ operû ! in pace migravit ad dñm. Et sepultus est in basilica ! çstructa in loco amenissimo qui vocat⸗ navis ! eo q' ibidẽ est portus navigii. Ubi ! ad salute humani gen'is grâ pserverat salvatoris ! qui cû prẽ 7 spû Sancto vivit 7 regnat deus ! in secl'a scl'or⸗ amẽ. In festo scẽ prisce v'gis ! lc ! p'ma.

Beata prisca ! civis romana ! clarissimis ! ¶ parentibꝫ orta ! t'cio decimo etatis sue anno ! ab apparitoribꝫ ad claudiû impatorẽ adducta est. Qui iussit eam tẽplû appolinis ingredi ! 7 ut ei sacrificaret. Quâ in eodẽ templo orante ! t're motus fact^9 est magn^9 7 civitas çcussa est ! et apollo cecidit ! 7 cominut^9 est. Et quarta pars tẽpli ruit ! 7 opp'ssit multitudinẽ paganor⸗ ! cû sacerdotibꝫ ydolor⸗. Deinde expoliata 7 cesa ! 7 in carcere clausa ! p totâ noctem ympnû canebat ! 7 glorificabat deû ! visitacõne angelica confortata. ¶ lc II.

Mane vero ! educta v'go de carcere ! pinguedine adipum fervente ! iubetur pfundi. *fol. 13.* Et minime lesa ! iussa est iterû ingredi templû ! 7 sacrificia offerre. Qua signû crucis faciente 7 orante ! tonitruû factû est ! 7 cecidit ignis de celo. Qui combussit ppl'm circûstantẽ ! 7 purpurâ impatoris a parte dextera ! 7 ydolû redactû est in favillâ. Tûc impator iussit p'fecto cû uncis ferreis totû corp^9 ei^9 dissipari. Prefectus v'o iussit eciâ cû spatis membra ei^9 incidi ! de huic bestias ferocissimas que eâ discerperẽt exhiberi. Que oranti v'gini ! in mansuetudinẽ sût çv'se. Tûc carnifices ! tam diu carnes ei raserût donec ad ossa ptingerẽt. Ipâ v'o orante brachia cor⸗ doluerût ! 7 sic a tormentis cessaverût. ¶ lc III.

Tunc impator ! fremens in v'ginẽ ! iussit eâ igne çsumi. Qui a pluvia magna de celo facta ! penit^9 est extinct^9. Tunc irat^9 impator ! comâ capitis ei^9 iussit radi ! in qua credebat magicâ artẽ cõsistere. Post hec ! inclusit eam in

tẽplo ⁝ ut ibi fame deficeret. Die autẽ t'cio ingressus ⁝ vidit
ancillã xp̃i ⁝ angl'ico solacio relevatã ⁝ ⁊ ydolũ deiectũ ⁝ ⁊ comi
nutũ. Et iratus nimis ⁝ iussit eam capite puniri. Educta
autẽ via ostiensi ⁝ miliario decimo ab urbe ⁝ decollata est.
Et a xp̃ianis occulte in eodẽ loco factõ sepulcro ⁝ honori
fice est sepulta. Ubi nõ post multũ temporis fabrica
ta est eccl'ia. ¶ De scõ Wlstano IX. l'c vl' tres ⁝ unde dividi pos
sũt sequentes l'c in tres vl' in sex put placet ¶ l'c p'ma

Regnante scõ Edwardo anglor͛ rege Wlstan' singulis
gradib; crevit in clero. Qui adhuc adolescẽs ⁝ puella
quadã instigante ⁝ illecebra carnis vehement' inflamat'
reducto aio ⁝ lacrimas fudit ⁝ ⁊ in hirsuta veprib; loca fugit.
Ibiq; se deo gravit' accusanti ⁝ sopor irrepsit. Et ecce nu
bes serena descendit ⁝ ⁊ iacentẽ cõtegens ⁝ fulgore oculos
sptanciũ in spuporẽ vertit. Qui p'cipitatis cursib; quid
fuerit requirũt. Quib; ⁝ ad devocõnis excitacõm ordinẽ rei
pãdit. Post modũ ad brictegũ Wigorniensem ep̃m ⁝ se confe
rens Wlstan' ⁝ ita ei' cõv'sacõne placuit ⁝ ut eũ licet invitũ
ad p'sbit'atũ pmoveret. Non multo post ⁝ abjectis oĩb; fol. 136.
Wigornie monachũ induit. Nuq̃a evo nostro ⁝ monachus
exstitit a viciis remocior ⁝ aut v'tutib; pfeccior ⁝ p'cipue
obediencia ⁝ ⁊ ad p' latos subjeccõne. Unde ⁝ prior ab ep̃o
fact' subiectis v'bo pfuit ⁊ exemplo. Ferebatur adeo p
anglis ei' fama ut maiorib; regni ⁝ ad hoc sci regis ed
Wardi animũ inclinantib; ⁝ licet renitens. Wigorniensi
eccl'ie p'ficeret͛. In quo statu ⁝ utramq; pfessionẽ sic inte
m'atam tenuit ⁝ ut se religione monachũ ⁝ ⁊ auctoriate
ep̃m representaret. ¶ lc II.
Anno igit͛ pontificat' Wlstani quinto ⁝ scs rex edWar
dus decessit. Ortaq; est magna discordia sup iure
regni ⁝ int' haroldũ comitẽ ⁝ ⁊ Will'm normãnie ducem.
Haroldus tamẽ potenciã cũ favore ⁝ regni abripuit dia
dema. Cui Wlstan' adv'sa p'dixit ⁝ pp̃ter gentis anglor͛
neq'ciã ⁝ i pximo eventura. Qd' celeriter rei indicavit
effect' ⁝ cũ dux normãnie Will'm ⁝ haraldo devicto ⁝ regni
gubernacula cõpuisivit. Vivebat͛ enĩ tũc in anglia ma
lis moribȝ ⁝ ⁊ p pacis affluẽcia ⁝ delicior͛ fervebat luxus.
Rex v'o novus Will's victoria potitus ⁝ celebravit cõciliũ
apd' Westmonasteriũ ⁝ p'sidentib; apl'ice sedis legatis. Qi
stigandũ ⁝ scĩarii invasorẽ archiep̃atu cantuarie spoliave
runt ⁝ ⁊ lanfrancũ virũ lit'atu ⁝ ⁊ laudabilẽ subrogarunt.
Apd' quẽ Wlstan' impericie accusat' ⁝ quasi ydiota ⁝ deponẽ
dus decernit͛ rege annuente. Cui Wlstan' ait. Ego insuf
ficienciã meã nõ ignorãs ⁝ hui' scẽ synodi sentencie cedens
baculo parit' ⁊ anulo libent' resignabo. Set nõ tibi ⁝ nimio
ei ⁝ cui' cõnivẽcia eos suscepi. Et accedens ad tumulum
sci regis edWardi ⁝ in lapidẽ silicis ⁝ tãq' molle lutũ baculũ
fixit. Et descendens inter monachos ⁝ simplex resedit. ¶ lc III.
Res gesta ⁝ defertur in synodũ. Set lanfrãcus fidẽ nõ
adhibens ⁝ roffensi iubet ep̃o ⁝ ut baculũ deferat. Qi
eum levi tactu amovere putans ⁝ inmobilẽ repperit. Et cũ
stupore rediens ⁝ qd' inven'at refert. Tũc vocato Wlstano

assurgens archiepus cū synodo iubet ut baculū resumat *fol. 14.*
quē cū divina iudicav'at grā dignū ! Ille ! impossibilitatē
suā p'tendēs ! set tandē p'cibꝫ archiepi ꝛ regis vict' corā omibꝫ
accessit ad sepulcra baculūq ꝫ facilit' recepit. Quo viso ! lan
franc' pctrat' fatetur delictū implorat veniā ! ꝛ simplicita
tem Wlstani deo amicā pdicat. Ita Wlstan' versus est ad
ppria cū honore. Post multa miracula ! divinit' p beatū
Wlstanū patrata ! ante octo dies decessus sui extremā sus
cipiens unccōnē ! post mediā noctē sabbati in dño obdormi
vit. Anulus autē quē in ꝯsecracōne suscepat ! crebro lapsus
a digito nūq' est amissus ! ipō dicente ! qꝫ quē sine ambitu
suscepi ! in humo insepabile habebo. Eo quidē defuncto
licet multi cū a digito subtrahere niterent ! minime potu
erūt. Cū eciā corp' ei' ad eccl'iam delatū ! ante altare circusē
dente clero pon'et ! ꝛ psalteriū caneret quibusdā monachis
dormitantibꝫ ! apparuit eps sompnolentos increpans ! ad
oracōnē excitans atqꝫ pulsans. Uni eciā ocioso sedenti ! et
obscena quedā mente volventi ! fremebund' astitit ! delictū
exprobans ! ꝛ nisi desisteret ! penā intentās. Qui ext'itus
penituit ! ꝛ pccm abiuravit. Sepult' est ꝰo beat' Wlstani
in eccl'ia Wigorniensi ex opposito sci osWaldi ! eiusdē loci
quondā epi. Quor m'itis ! ipam eccl'iam adornat deus mi
raculis : ꝛ iuvat bñficiis ! ad laudē nois sui ! qui cū pre ꝛ spū
scō vivit ꝛ regnat in scl'a scl'or amen. ¶ Si fiant IX. le.
tres ultime le de exposicōne eūngelii. Homo quidā pegre p.
Quere in coi uni' conf' ꝛ pontif'. In festo scōr fabiani ꝛ sebast'.
Sanct' Sebastian' ! in mediolanensibꝫ partibꝫ ¶ le p'ma.
eruditus ! civis ꝰo narbonēsis oriundus ! diocleciano
ꝛ maximiano ita carus erat ! ut ei p'me cohortis p'ncipa
tum traderent ! ꝛ cū sibi semp astare iuberēt. Erat enim
vir toci' prudencie. Hūc milites qsi prēm ven'abant ꝛ cūc
ti in palacio kmo reverebant affectu. Xpo autē cotidie
sedulū exhibebat officiū ! set occultū. Non passionis timo
re ! set ad hoc ut xpianor' animos ! quos in tormentis vi
debat deficere ! confortaret. ¶ le II. *fol. 14 b.*
Deniqꝫ cū multas martyrū mentes beat' sebastianus
a timore passionis eripuisset ipe quoqꝫ quis eēt ape
ruit ! quia lumē in tenebris latere nō potuit. Clarissimis
g' viris marcelliano ꝛ marco fribꝫ in vinculis ꝯstitutis
cotidie solaciū exhibebat ꝛ salutaria fidei cōsilia ministra
bat. Cū itaqꝫ capitalē iussi essent subire sentenciā sequē
tes eos paf ! ꝛ maf ! cū uxoribꝫ car' ! ꝛ filiis triginta dierū ¶
inducias ipetrarūt ! ut interi agerent quatin' ydolis imolarēt.
Accesserūt g' p'mo ! amici eor ad sacrificia suadē ¶ le III.
tes ! Secūdo ! mat' eor marcia supveniens ! soluto ca
pite canos ꝛ scissa veste qs suxerat mamas ostendens ! bla
dimenta eor infancie exhibita ! cū lacrimis memorabat.
Tercio : pat' trāquill' infirmus ꝛ gravis senio manibꝫ ad
duct' servulor ! agnoo capiti ! pulverē terre aspgens ! voces
lugubres dabat in celū. Tandē : ꝯiuges pprios infantulos
afferentes ! omia ꝟba que eos emollire possent ! cū eiulatu
immenso referebant. ¶ le IIII.

Cum igit₉ int' huiusmodi ! milites xp̄i cepissent moles
cere ! sebastian⁹ qui huic spectaculo intererat ! quem
occultabat militaris habit⁹ ! in mediū se obiciens ! dixit.
O fortissimi milites ! p nimia v'tutē fortit' ptigitis ad pal
mam ! 7p misera blandimenta ! coronā deponitis xp̄itn'a.
Nolite victoriar₉ v̄rar' insignia ! blandimentis abicere
parentū. Putāt hii ! qd' ista vita ! sit sola ! si eīn scirent
aliam vitam ! ignarā mortis 7 tristicie nesciam ! pfecto
vobiscū ad illā festinarēt ptingere istā p nichilo cōputātes.
Cum hec 7 hiis similia sebastian⁹ pferret ! subito ¶ le V.
splendore nimio de celo illuminat⁹ est. Et sub ip̄o splē
dore iuvenis apparuit iuxta eū dans ei pacē ! 7 dicens ! Tu
meū semp eris. Uxor autē nicostrati ! noie zoe ! intra cuius
domū hec gerebant₉ ! cū mirandi stupore tenerent₉ annue
bat oīb₃ viā qr iam sex annis muta fuerat ! qd' quasi
exprobāri essent ! qui tam evidenti miraculo nō crederent.
At ubi vidit sebastian⁹ ! secreta cordis eā lingu₉ explicare nō fol. 15.
posse ! ait si verus xp̄i servus sū ! 7 si vera sūt oīa ! que
ex ore meo hec mulier audivit 7 credidit ! iubeat dn̄s deus
meus ! ad eā redire labior₉ officiū sicut aperuit os Zacharie.
Tunc exclamavit mulier ! dicens. Beat⁹ es tu ! 7 bn̄dict⁹
sermo oris tui ! 7 beati qui credūt p te filiū dei vivi. Vidi
enī ocl'is meis angl'm advenientē de celo ! stantē 7 librum
aptū ante ocl'os tuos tenentē ! ex cui⁹ lectione ! sermonis tui
oracio pcedebat. Videns autē hec nicostrat⁹ ! cepit pedib₃
Sebastiani advolvi ! 7 indulgenciā petere ! qd' impabili ius
su ! scōs dei tenuisset in vinculis. Et solvēs eos ! rogare ce
pit ! ut abscederēt dicens. Oīpa beat⁹ essem ! si p vestra me
reri possē salute ꝯstringi. At illi dixerūt ! si tu fideī gl'iam
qm nūq̄ habueras accepisti ! quom⁹ nos qui semp habuim⁹
relinquentes ! tibi passionis n̄re calcē dam⁹. Alloquēs au
tem 7 marcllus parentes ! 7 coniuges ! ad hoc ip̄os induxit
ut silentes ! tam ipi q̄ oīs qui aderant ! penitērēt ! qd' ip̄os
ab agone martirii revocassent. ¶ le. VII.
Cum g⁹ oīs ! qui ad decipiendū eos venerāt xp̄o crederēt
nicostrat⁹ cū cōiuge sua intimū xp̄iane religionis sibi
declarari petens ! hortante sebastiano ! vinctos oīs in domū
suā ꝯgregavit. Quib₃ ip̄e xp̄m p'dicavit. Quo audito postra
verūt se cū lacrimis ! 7 se velle xp̄o credere retendūt. Tunc
iussit eos sebastian⁹ ! a vinculis absolvi ! 7 policarpū p'sbit'ū
induxit. Qui vidēs turbā ! bn̄dixit eos. Omnesq₃ simul bap
tizati sūt ! num'o sexaginta octo. Filii autē claudii ! unus
ydropicus ! alt' vuln'ib₃ oppressus. Sani levati sūt de fonte. Bap
tizatus est eciā 7 cromacius p'sbiter 7 fili⁹ ei⁹ tyburcius.
Qui q̄m ptinax ptinax fuit ad credendū ! tā ꝯstans fuit post
ea ad martyrium. ¶ le VIII.
Hiis g⁹ cū multis aliis ! expletis p mrtiriū dioclecianus
beatū sebastianū ad se ꝯvocans ! ait. Ego te int' p'mos
palacii semp habui ! 7 contra salutē meā : in decr₉ iniuriam
hacten⁹ latuisti. Qui dixit ! pro salute tua. Semp xp̄m colui !
7 p statu urbis romane ! ip̄m qui in celis est semp adoravi fol. 15b.
ꝯsiderans a lapidib₃ auxiliū pet'e inani capitis esse. Iratus

impator ! iussit eũ duci in mediũ campi ! 7 quasi signũ ad sa
gittandũ ligari ! atq3 a sagittariis figi. Tũc milites iussa im
plentes ! ita eũ hinc inde repleverũt sagittis ! ut quasi hericì
us ! ita esset ictib3 sagittarũ hirsutus. Et estimantes eum
mortuum ! abierunt. ¶ lc IX.
Tunc relicta uxor martyris castuli zecarii ! noie h'irenes
abiit ! ut noctu corp' ei' sepeliret. Et inveniens eũ viven
tem ! adduxit ad domũ suã. Et intra paucos dies ! integrã re
cuparavit sanitatẽ. Cumq3 oẽs xp̄iani ad eũ ꝯvenirẽt ! horta
bant' eũ abscedere. Ille autẽ oracõne facta descendit ! 7 stãs
sup gradũ eliogabali ! veniẽtib3 impatorib3 dixit. Ad hoc me
dñs ihs resuscitare dignat' est ! ut ꝯveniã vos ! in iusto iudi
cio psecucõm vestrã ! in xp̄i famulos ebullire. Tũc iusserũt
eũ ! in ypodromio palacii ! tam diu fustigari ! q' diu spm exa
laret. Set 7 corp' ei' in clocã miserũt. Qd' tamẽ in gumpho
pendens sordes ! no tetigerũt. Ip̄e v'o beat' martyr sc̄e lucine
p visionẽ illud revelavit ! 7 catacũbas sepeliri iussit. Que
mediã nocte ! cũ servis suis abiit ! 7 corp' elevans ! in pagone
portando cũ oĩni diligencia sepelivit. ¶ Ad p'ma 1 cap le.
Beat' fabian' papa ! nacõne romanus ! ex p̄re fabio ! tres
decim annis sedit. Qui diaconib3 regiones divisit ! fecit
qr septẽ subdiacones qui septẽ notariis iminerẽt ! ut gesta
martyrũ in integro fidelit' collig'ent. Impatori philippo ! vo
lenti int'esse pasche vigiliis ! 7 communicare mist'iis ! restitit
quousq3 pc̄ca ꝯfiteret' ! 7 int' penitentes stare punisit. Hic
sub psecutore decio ! rome martyrii coronã accepit ! suiq3 põ
tificat' sedẽ ! cornelio reliquit. In festo sc̄e agnetis v'g 7 mr̄. lc. I.
Beata agnes passa est rome tercio decimo etatis sue an
no. Erat quidẽ corpore iuvencula ! s3 animo cana. Hec
v'go ! dũ a scholis rev'tit' ! a pfecti urbis filio adamat'. Detulit
autẽ sibi ! p'cõsissima ornamẽta. Que ! ab ip̄a velut stercora
sunt refutata. Putãs g' eã ! meliora velle ! defert secũ omnẽ
lapidẽ p'cõsũ ! 7 gl'iam ! omnesq3 divicias repromisit ! si cõsen
sũ sibi nõ negaret. Ad hec ! tale fertur ! v'go dedisse responsũ. *fol.* 16.
Discede a me ! fomes pc̄i : nutrimentũ facinoris. Iam ab
alio amatore p'venta sum ! qui m' satis meliora a te obtulit
ornamẽta. Cui' generositas celsior ! possibilitas forcior aspec
tus pulchrior ! amor suavior ! 7 oĩni grã elegancior. ¶ lc II.
Audiens hec insanissm' iuvenis ; amore corruens eo
lecto psternit'. Et per alta suspiria ! amor a medicis apit'.
Fiunt hec nota p̄ri. Cepitq3 vehement' inquirere quis
eẽt ! de cui' potestate 7 pulchritudinẽ agnes se iactaret. Exti
tit qui diceret ! hãc xp̄ianã ẽe ! 7 ita magicis artib3 occupãtã
ut dicat xp̄m sponsũ suũ eẽ. Ad hec p'fect' suis tribunalib3
eã p'cepit assisti. Et p'mo blandis sermonib3 ! de huic ! t'roribus
eam pulsat. Set ip̄a ! eodẽ vultu t'rentẽ simil'r sic blãdientẽ
animo deridebat. Qd' vidẽs p'fect' ! qr uni sibi inferre non
poterat ! qr nobilis erat ! titulũ ei xp̄ianitatis apposuit.
Sequenti die ! p'ses agnẽ sibi p'sentari p'cepit ¶ lc III.
7 dixit ei. Si pseverancia virginitatis tibi placet !
cũ v'ginib3 dee veste sacrifica. Aut cũ meretricib3 scortaberis
in lupanari. Tũc beata agnes dixit. Cotempno minas

tuas : credēs q' neq; sacrificē idolis : neq; polluar sordibus
alienis. Nam unigenit' dei fili' ; quē ignoras : defensor m'
est. Ad hec : iussit eam expoliari : 7 nudā ad lupanar duci.
Set statim : crine soluto : tantā densitate capillis ei' grā
divina ꝯcessit : ut meli' eor~ fimbiis videret~ q' vestib; tecta.
Ingressa igit~ agnes : turpitudinis locū angl'm ¶ lc IIII.
dei ita paratū invenit ut circūdaret eā inmenso lumine
7 nullus eā p'splendorē videret. Cumq; se in orōne pstravis
set : apparuit ei stola candidissima. Et app'hendēs eā : indu
it se grās agēs dño. Erat autē ad corpusculi ei' mēsurā
aptū indumentū. Int'ea lupanar : locus efficit~ oracōnis.
In quo oīs qui fuisset ingressus dens honorē immēso
lumini : mūdior egrederetur : qm̄ fuerat introgressus :
Int' hec : p'fecti filius venit ad loca cū sodalib; iuvenculis
qui se credebat cū ea ludibriū exercere. ¶ lc V. *fol.* 16*b.*
Accedens autē p'fecti filius : ante furentes pueros : ce
pit impudent' sodales arguere 7 molles ac timidos
indicare. Et deridens eos : audact' ingressus est. Et videns
tantū lumē circa v'ginē : nō dedit honorē deo. Set irruens
in ipo lumine p'usq̄m manu eā ꝯtinget : cecidit in faciem
suā. Et suffocat' a diabolo : expiravit. **Ingrediens autē**
un' ex juvenib; : viso q' morā faceret : 7 mortuū eū inve
niens : exclamavit dicēs. Piissimi romani : succurrite
Magicis artib; meretrix ista : p'fecti filiū interfecit. ¶ lc VI.
Prefectus g' hoc audiens : cū ingenti luctu venit : **et**
ingressus locū dicebat. **Crudelissima feminarum**
ad filiū meū voluisti apodixin tue artis magice demon
strare ? At illa respondit. Ille cui' voluntatē volebat **p**
ficere : in eū potestatē accepit. Oīs qui ante eū ingres
si sūt : sani sunt : quia honorē dederūt deo. Hic autē im
pudens : statim ut ingressus est : sevire cepit ac fremere.
At ille : in hoc apparebit : quia nō magicis artib; ista
gessisti : si dep'cata fueris angl'm tuū 7 restituat in filiū
meū. Cui v'go. Licet fides nr̄a : hoc nō m'eat~ : tamē q'a
tēpus **est :** ut v'tus dni mei ihu xp̄i manifestet~ : egredimi
ni foras. Orante g' illa : apparuit ei angelus dñi qui leva
vit eum flentem 7 iuvenem suscitavit. ¶ lc VII.
Egressus g' foras iuvenis : cepit clamare : unus deus
in celo 7 t'ra **7 in mari :** qui est deus xp̄ianor~. Ad hūc
vocē : tēplor' pontifices ꝯturbant~ : fitq; sedicio pplor~ : et
clamabant. Tolle maleficā : que mentes mutat. Prefect'
autē videns hoc : obstipuit. Set ne videret~ contra tem
plor~ pontifices agere : vicariū dereliq't. Tristis autē
abiit : eo q' nō potuit eā liberare. Tūc vicarius aspasi
us : iussit ignē copiosū incendi : 7 eam in medio iactari.
Qd' cū fuisset impletū : in duas partes divise sūt flāme :
7 huic atq; illinc : infidelis popl's exurebat~. **Ipsā autē**
in nullo ꝯtingebat incendium. ¶ lc VIII.
Tūc beata
Tunc beata agnes expandens man' suas in medio ignis *fol.* 17.
oracōm fudit ad dñm : dicens. Omipotens pat' dñi
nr̄i ihu xp̄i : bn̄dico te. Ecce hūc p spm̄ scm̄ : voce celesti p

fusa sũ. Focus iuxta me morit~ ! flãma dividitur ! 7 ardor
incendiĩ hui⁹ ! ad eos a quibȝ ministrat~ refunditur. Bñdi
co te pater p'dicande ! qui eciã int' flamas ! intrepidã me
ad te venire pmittis. Et ecce ad te venio ! unu 7 verũ deũ.
Cumq; expleuset oracõnẽ ! ita ignis extinct⁹ est ! ut nec tepor
incendii remansisset. Tunc aspasius ! in guttur ei⁹ gladiu
mergi p'cepit. Parentes õo ei⁹ nullã tristicia habentes ! corp⁹
ei⁹ posuerunt in p'diolo suo ! nõ longe ab urbe. ¶ le IX.
Cum g⁹ oñis turba xp̃ianor~ ! cõcurreret ad sepulchrũ eius !
insidias a paganis ppessi fugerũt. Emerenciana autẽ
collectanea ei⁹ ! v'go scissima ! licet cathecumina contra veni
entes stabat imobilis et dicebat. Supflui ! miseri ! caduci !
atq; atrocissimi ! deũ colentẽ occidistis ! pp defensione lapidũ
innocentẽ iugulastis. Hec 7 hiis similia dũ diceret lapidata
est 7 iuxta sepulchrũ bẽ agnetis emisit spũ ! in suo sang'ñe
baptizata. Deniq; , eadẽ hora ! fit f're mot⁹ vehementissim.
Et cũ nimia eẽt celi serenitas ! tante chorascacões ! tãtaq;
fulgura 7 tonitrua extiterũt ! ut pars maxima ppl'i insani
expiraret. Factũq; est ! ut nullus ex tũc ad sepulchrũ sc̃arum
aliquas molestias excitaret. De sermone bĩ maximi p⁹ p'mã ! le.
Ut prob*au*⁹ diabolũ ! a beata agnete fuisse victũ ! illius
iuvenis fcñ ! ad animã revocem⁹ ! quẽ contra agnetis
infanciã ! sic armaverat inimicus ! ut nudã faceret trahi
p angulos ad lupanar ! sub voce p'conantis ducis ! ppl'm ad
libidinẽ invitantis. Hũc g⁹ ducẽ fuisse diaboli nemo qui
dubitet 7 victo duce ! ppl'm supatũ ẽe ! oñibȝ notũ est. Su
patis autẽ ! cũ duce suo ppl'is : tyrannũ teneri captũ ! oñibȝ
patet. Constat g⁹ diabolu supatũ ! quociens contra v'ginẽ
arma corripuit. Nam expoliatã v'go ! crinibȝ tegitur ! et
nudata ab hõĩbȝ malis ! vestit~ ab anglis bonis. Et damp
nata in prostibulo turpitudinis : in gremio apparuit casti
tatis. Efficitũ oratoriũ angl'or~ locus qui pditor~ fuerat aia
rũ. Et ubi semp naufragav'at castitas ! illic est corona *fol. 17 b.*
virginitas. In festo scĩ vincẽcii mr̃is ¶ le p'ma
Sanctus vincenci⁹ ! a puericia litteris tradit⁹ gemina
sciencia ! sub beato valerio ! cesar auguste civitatis ep̃o !
claruit. A quo eciã scitate insignis ! gradũ diaconi susce
pit : 7 ei⁹ vices ! quia inpedicõris erat lingue ! diligenter
exsequebat~. Tunc autẽ cuidã p'sidi gentili ! nõie daciano
ibidẽ data est potestas ! a diocliciano 7 maximiano ipato
rib; ! seviendi ut xp̃ianos. Inter cet'os ! valeri⁹ ep̃s ! 7 vincẽ
cius archidiacon' cõp'hensi ! ad valencia ! sub famis 7 cathe
narũ miseria missi carcerali sũt custodie mancipati ¶ le II.
Cumq; dacian⁹ eos iam defecisse crederet ! pduci e carcere
iussit ! volens eos absq; tormentis vitã finire. Ad quor~
aspectu ! eo q' integri virib; essẽt 7 corpore ! dacian⁹ attonit⁹
ait suis. Ut q'd istis largiori pastu indulsistis 7 potu ?
Mirabatur enĩ furore cecus ! robustiores eẽ ! quos deus pa
v'erat. Et v'sus ad ep̃m ! inquit. Nescis q' qui impalia
decreta spernũt ! de vita p'clitavit~ ? Et tu vincenti ! quem
nobilitas gen'is ! 7 decor cõmendat iuvẽtutis ! v'bis meis
obaudi. Unde monem⁹ ! ut diis libamina psolvatis. ¶ le III.

Cū g' reticeret ep̄s ! ait ei **vincenci'. Si iubes pat' respō**
nsis iudicē aggrediar. **Cui beat' valerius. Dudū fili**
kāme ! divini v'bi curā tibi cōmiserā : nūc quoq3 ! fide q̄
astam' ! responsa cōmitto. Tūc beat' vincencius ! ad da
ciani ait. Nepharriū apd' xp̄ianos ēe cognosce ! **dei cul**
tum abnegando blasphemare. **Unde ! palā pūtem**
nos fidei xp̄iane ! 7 uni' veri dei cultores ēē. **In cui'**
nōie ! minas tuas ! 7 supplicia nō timem'. ¶ le IIII.
Tunc pene extra se p' ira posit' dacian' dixit. **Amovete**
huic ep̄m istū : 7 in exiliū mittite. **Vincenciū vero**
rebellē ! gravioribȝ **exhibete tormentis.** Et p'mo ! in eculeū
cū extendit. Cūq3 hoc factū fuisset : vincenci' ait ad ty
rannū. Hoc est qd' semp optavi. Tu solus ! votis meis
ɔcordas ! Insurg g' ! 7 toto malignitatis sp̄ū debacare. **Pa** *fol.* 18.
rat' enī sū ! adois tormenta tua ! pro salvatoris mei
dnī̄ xp̄i nomine sustinenda. ¶ le V.
Cum g' scū vincenci' diu affligeret fatigati cessere
tortores ! ut putares eos ! pocius in tormētis scī mar
tiris torqueri. Exanguis ip̄e dacian' ! **torvis 7** minacibȝ
oculis ! **militibȝ** ait. Quid agitis ? **Rimetur** acrior ungu
la costar intima ! 7 gemitū reddere faciat nō ɔtemptū.
Cui vincencius subridēs dixit. Hoc est sane qd' legitur !
qr videntes nō videbūt ! 7 audientes nō intellig̃t. xp̄m
cū p̄re 7 sp̄ū scō ! solū deū eē ɔfiteor. Torque g' diucius eū
ɔtentū ! nichilqȝ de suppliciis minuas ut oīnȝ te victū fatearis'
Cumq3 a toto corpore martiris sang's pfluerit ¶ le VI.
7 int'na patefierēt viscera ! ut et ossiū iuncture **sol**
verent ! p'cepit iterū dacian' ut ad molestiora applicaret
tormenta ! dicēs. **Vincere me !** iste nō potest ! dū vivit. **Cui**
vincencius. O felicē **me inq't. Iste mine tue** 7 pene m' sūt
ad gl'iam ! atq3 laudē. **Hinc ex eculeo rapt'** ad patibulo
ignis ! 7 sup lectū ferreū ! additis subter carbonibȝ posit'
torquet ! exurit ! 7 flagellat ! ita ut corpis nulla pars in
tegra remaneret. Nam plage ! prius illate ! iterū renovāt.
Int' hec ! manēs inmotus dei servus ! erectis luminibus
dnīm precabatur. ¶ le VII.
Interea dacian' **recurrētibȝ nūciis ! de vincēcio quod ageret**
vel diceret ! inquirebat ! Renūciat ! hyllari vultu oīa
supplicia ptulisse ! 7 ptenacius xp̄m ɔfiteri. Qui turbat'
in locū tenebrosū ! 7 testarū fragmētis cōgestū ! distentis
in ligno crucibȝ : eū recludi p'cepit. **Set ! cū** prima noctis qui
es advenisset angl'ica marty'r relevatur frequēcia. **Saxa**
tuqȝ ligni robur dissiluit ! 7 testarū asperitas ! **in flor tū**
siit redolenciū suavitatē. Et qd' dacian' **intulerat pro pe**
na in gl'iam divinit' cōmutabat. Nam **divinis refect'**
solaciis ! invictissimus athleta xp̄i ! **ympnum domino**
decantabat. ¶ le VIII.
Turbati g' custodes clausas fores adeūt. **Et introspiciētes** *fol.* 18 *b*.
deitatis ministros choruscare cōspiciunt. **Qui mox cō**
puncti ! relicto gentilitatis errore **xp̄iane religioni fidelit'**
se dederūt. Venerat eciā multitudo vicina fideliū ! prius
de ip̄i' mesta suppliciis ! set iam alacris de gl'a ! ei celitus cō

cessa. Quibʒ ! beat' ait vincenci'. Nolite merere : sʒ renũcia te daciano ! qua pſruor luce. Tũc hec audiens dacianus ! ter ritus ait. Quid ampli' faciem'. Victi sum'. Referat~ ad mollẽ lectũ ! ut indulta paxilla requie denuo exquisitis suppliciis innovet~. Nolo eni eũ ! gl'iosiorẽ fieri si inter tormenta defecerit.

¶ lc IX.

Delatus itaqʒ martyr ! ad mollicici lectulũ p'cẽsã mox resolvitur in mortẽ. Et circũstanciũ osculis ! plumbat~ corp' pia curiositate palpatur ! sanguisqʒ lintheis excipit~ post'is veneranl'. Quo audito ! ꝯfusus dacian' dixit. Non potui superare viventẽ ! puniã vel defunctũ. Proicite eũ in campũ ! ut a feris et avibʒ absumpt' nõ cõpareat. Sic g° expositũ corp' sine tegimine ! angl'icis rursũ excubiis venerat~. Et ecce adveniens subito corvus ! ac ppe re sidens ! ceteras abigebat aves ! lupũqʒ inmanẽ advenien tẽ ! fugabat. Hoc audiens dacian' ! si t'ra inquit eũ' ꝯsum'e nõ potest ! in pelagiis demergat~. Qd' 7 dũ fieret ! cicius corp mat's ! ad litus preu'at ! q' ad p'sidẽ dem'gentes. Sct 7 dei p'videncia ! corp' int' ipa aquar~ 7 arene cõmercia sepelivit ! quousqʒ ad eccl'iam ! oportuni' deferret~. Ut divinis mira culis xp̃i miles post mortẽ invict' ostenderet~ ! quẽ nulla unq̃7 supplicia ! devincere potuerũt.

Vincencii martiris xp̃i fortissimi

¶ bĩ augustini lc. Post p'mã de sermone.

passionẽ ! celebrare solepnit' iuvat : et nõ segnit' p'di care. Vidim' animo q̃nta ptulerit ! que audierit ! que res pond'it. Ante oculos n̄os ! mirandũ spectaculũ ꝯstitutũ est. Crudelitatis pietatisqʒ certamẽ. Dignus itaqʒ est vin cẽcius ! a dño coronari ! in quo elegit 7 p paciencia et per sapienciã gl'iari. Dign' est solẽpni celebritate dignus eter na felicitate ! pro qua adipiscenda ! leve duxit quicq'd ima nissim' iudex t'ruit ! quicq'd carnifex cruent' infixit. Tũs actũ est ! qd' ptulit ! nõ tãsiturũ est qd' accepit. Si vexata sũt membra ! si viscera cruciata ! tam crebre 7 tam crudelit' repetita tormenta ! 7 si fierent multo graviora ! nõ sunt cõdigne passiones hui' tẽporis ! ad futurã gl'iam ! que reve labitur in nobis.

In ꝯv'sione scĩ pauli. ¶ lectio p'ma.

Saulus ! adhuc spirãs minarũ 7 cedis in discipulos dñi Presẽs lectio actuũ~ aplor ! pnũciat frẽs kmi ! quom° apl's paulus ! cui singl'arem hodie ꝯv'sionẽ colim' ! sevissi mus psecutor xp̃i eccl'iar~ : p'dicator 7 doctor fact' est xp̃ianor~. Xpist' eni occidit in eo sevicia ! reviviscꝰe fecit in eo ! mã suetudinẽ verã. Impleta est in eo ! pphecia beati p̃iarche iacob : qui eũ beniamin filiũ suũ bñdiceret ait. Beniami lupus rapax ! mane comedet p'dam 7 vesp'e dividet spolia.

¶ lc. II.

Qui nũc paulus ! post ꝯv'sionẽ dictus est ! antea eũ in ĩpietate psisteret ! saulus vocabat~. Quia eũ mutavit opa : cõmutavit 7 nomẽ. Erat de tribu beniamin : eratqʒ lupus. Mane id est p'us ! psecutor xp̃ianor~ ! Vespe ! id est postea ! p xp̃i grãm cõmutat~. Divisit spolia ! id est gẽtibʒ mirifice evãgl'ica sacramẽta cõmunicavit. Audiam' eũ mane cõmedentẽ predã. Saulus adhuc spirans minar~ et

cedis ! in discipl'os dni ! pecijt 7 accepit epistolas a p'ncipibus
sacerdotũ ! in damascũ ubi iam magna pars fideliũ erat
ut quoscũq; inveniret hui⁹ vie viros at mulieres ! in xp̄m
credentes ! vinctos pduceret in ierl'm ! ad martiriũ. ¶ le III.
Et dum iter faceret ! ɔtigit ut appropinquaret damas
co. Et subito ! circũfulsit eũ lux de celo. Et cadens in
terrã ! audivit vocẽ dicentẽ sibi ! Saule ! Saule ! q'd me pseqūris !
Quicq'd uni ex fidelib; meis psequẽdo feceris ! mẽ hoc scito
passurũ. Quid g° saule ! frustra insanis contra nomẽ meum
qui iam olim ! in om̄iũ iudeor⁊ manib; ! occidisti martirẽ
meũ steph'm ? Olim quidẽ debui pdere te ! set Steph's m̄s
oravit pro te. Et ille. Quis es dñe ? Et dñs ad illũ. Ego
sũ ihs nazaren⁹ ! quẽ tu psequeris infidelis. Set surge ! et *fol.* 19*b*.
ingredere civitatẽ. Et ibi ! dicet⁊ tibi ! q'd te oporteat facere.
Et surgens ! nichil videbat. Et ita erat ibi trib; dieb; ! nõ
vidẽs. Et nõ manducavit ! neq; bibit. Ad hoc eni ! carnale
istut lumẽ ! p aliq'd' tẽporis perdidit ! ut sp̄ale ! veracius
p hõc penã recipe posset. Et hoc ideo triduo pdidit ! q̄r dñm
nõ crediderat ! tercia die resurrexisse ¶ le IIII.
Ananias ! autẽ quidã discipl's dñi ! erat damasco. Cui
dixit dñs. Surge 7 vade in vicũ qui dicit⁹ rect⁹ ! et que
re saulũ. Et accede ad eũ ! 7 signa eũ caractere meo ! mul
ta eni ! pro nõie meo pacietur. Et ille. Dñe audivi a mul
tis de viro hoc ! q̄ta mala scis tuis fecerit in ierl'm. Ait illi
dñs. Vade ! q̄m vas eleccõnis est m' ! ut portet nomẽ meum
in gẽtib; ! corã regib; 7 p'ncipib; terre. Ideõ eni pstrata est in
eo supbia ! ut erigatur in eo humilitas ! 7 devocio obsequ'
mei. Prostrata sunt iam in eo vicia ! ut s̄citas erigatur.
Venit g° ananias. Baptizavit saulũ impiũ ! 7 fecit nobis
paulũ ! p'dicatore piũ. Baptizavit lupũ ! 7 fecit agnũ. Postea
cepim' eũ habere p'dicatorẽ ! quẽ habuim⁹ ante psecutore. ¶ le V.
Ecce ! quom° paulus dividit spolia vespe. Cepit eni ubiq;
statim p'dicare xp̄m ! contra quẽ antea fortiter pugnavit.
Tunc paciebat⁊ paulus ! q'd fecerat saulus. Saulus lapida
vit Steph'm ! paulus lapidat⁹ est pp̄ter xp̄m. Saulus ! xp̄ianos
virgis cecidit ! paul⁹ p xp̄o q'nquies quadragenas una mi
nus ideo accepit ! ut iterũ cederet⁊ p xp̄o. Nam contra omia ! que
antea fidelib; irrogarat supplicia ! multa maiora ip̄e passus
est p xp̄o tormenta. Si ɔsideretis dilectissimi nobis ! via
n'a xp̄s est. Xp̄m attendite. Pati venit ! set 7 gl'ificari.
Contẽpni ! set eciã exaltari. Mori ! set eciã resurgere.
Ista cogitãtes frẽs k̄mi ! nõ desperem⁹. Quia 7 si pc̃ores su
mus ! magnũ medicũ habem⁹ Ip̄m medicũ audite. Non
veni vocare iustos ! set pc̃ores' ! ad penitenciã. Utilitas
namq; hui⁹ rei geste ! hec est. Apl's idem paulus ! cõmemo
rat in epl'is suis. Dicit eni ! ad hoc sibi veniã datã om̄iũ
pccõr⁊ suor⁊ ! ut nemo despet de se ! quicũq; fuerit in magnis *fol.* 20.
sceleribus irretitus ! quasi veniã nõ sit accepturus ! si ɔv'sus
fuit ad eũ ! qui pendẽs in cruce p psecutorib; oravit dicens.
Pater ignosce illis ! quia nesciunt q'd faciunt. Fact⁹ est eni
ille ! ex psecutore p'dicator ! 7 doctor genciũ. Qui p'us inq't fui
blasphemus 7 psecutor ! 7 iniuriosus ! s; m̄am ɔsecut⁹ sũ.

Vides merito. Pena debetur. Ergo ! pena nō redditur : s̄s
mia : p pena ꝯsequit⁊. Gracia eni salvi efficim⁊ de peccis tris
largiente ip̄o dño nr̄o ! qui vivit ⁊ regnat in sc̄l'a sc̄'or⁊ amē.
In illo tp̄ore Dixit symon ¶ lc VII. scl'm math'm'
Petrus ad ihm. Ecce nos reliquim' om̄ia ! ⁊ secuti sumus
te. Quid gō erit nobis. Et R̄l' ¶ Sermo ex comentar' b̄i
Grandis fiducia. Petrus piscator erat ¶ ieronimi p̄sb
dives nō fuerat ! cibos manu ⁊ arte querebat ! ⁊ tamē
loquit' confident'. Reliquim' om̄ia. Om̄ia eni relinq̄t q'
voluntatē habendi deserit. Set q' nō sufficit tantū relin
quere ! iungit qd' pfectū est. Et secuti sum' te. Fecimus
qd' iussisti. Quid g' dabis nobis p'mii ? Ihs autē dixit illis.
Amē dico vobis ! qr vos qui secuti estis me ! in regen'acōe
cū sederit filius hois in sede maiestatis sue ! sedebitis ⁊ vos
sup sedes duodecim ! iudicantes duodecim tribus isrl'. Non
dixit ! qui reliquistis om̄ia. Hoc eni et socr̄es fecit philosophus
⁊ alii multi divicias ꝯtēpserūt. Set ! qui secuti estis me.
Qd' ! ppric aplor⁊ est ! atq; credenciū. In regen'acōne ! cū sede
rit filius hoīs ! in sede maiestatis sue ! qn̄do ex mortuis de
corrupcōne resurgēt incorrupti sedebitis ⁊ vos in soliis
iudicanciū ! ꝯdēpnantes duodecim trib; isrl' quia vobis cre
dentib; ! illi credere voluerunt. ¶ lc VIII.
Duodenario quippe numero ! univ'sa quedā significata
est iudicanciū multitudo ! ppt' duas partes septenarii
quo significat⁊ plerūq; univ'sitas. Que due partes ! id est
tria ⁊ quatuor ! altera p alterā partē multiplicate ! duodecī
faciunt. Nam ⁊ q̄tuor ter ! ⁊ tria quat' ! duodecim sunt. Ali
oquin ! qm̄ in loco iude traditoris ! apl'm mathiam legim'
ordinatū ! apl's paulus ! qui plus om̄ib; laboravit ! ubi ad iudi
candū sedeat ! nō habebit. Qui pfecto cū aliis scis ad nume fol. 20b.
rum iudicū se ptinere demonstrat ! cū dicit. Nescitis ! quia
angl'os iudicabim' ? De ip̄is quoq; iudicandis ! in hoc num'o
duo denario ! similis causa est. Non eni qr dictū est ! iudican
tes duodecim trib; isrl' ! trib; levi ! que t'ciadecima est ab eis
iudicanda nō erit ! aut solū illū popl'm ! non autē ceteras
gentes iudicabūt. ¶ lc IX.
Quod autē ait ! in regen'acōne ! pcul dubio mortuor⁊ resur
reccōnē ! noie voluit regen'acionis intelligi. Sic eni caro
nr̄a regenerabit' p incorrupcōm ! quemadmodū est aīa nr̄a
regen'ata p fidē. Quid g' de paulo dicem' ? Nunq'd t'ciusdecim'
iudicabit ? Quom' in centū q'nquaginta trib; piscib; ! ingētē
numerū scor⁊ ! ⁊ q'nq; v'ginib; innum'abiles v'gines ! quo
m' in q'nq; frib; illi' qui torquebatur apd' inferos ! milia ppl'i
iudeor⁊ ! ⁊ septē viror' ! de quib; helye dicit⁊ ! milia miliū ! sic
duodecim sedib; nō duodecī hoīes ! set magn' numerus intel
ligitur pfector⁊. Orbis eni t'rarū ! quatuor designatis partib;
continet⁊. Ab hiis om̄ib; partib; ! vocant' in trinitate ! qm̄ ter
quat'ne ! duodecī faciunt ! ⁊ pfectū numerū significat. Sicut
eni iudicaturi ex toto mundo ! sic ex toto mundo iudicandi
erunt. ¶ Ad primā de sermone b̄i maximi. lc.
O beatissimū paulū cui' tanta est fidei plenitudo ! ut pecu
liarē quodammodo eū sibi iudicē ! ad illuminādā genciū

corda cunctorꝝ p'sci' salvator eligeret. Erat cui iam p'cipuus
in doctrina ꝰ animi v'tute tam potēs ꝰ innocēcia ⁊ integ'tate
tam sēs ꝰ ut uno eodēq; tēpore ꝰ huic cū sacerdotes ac p'ncipes
iudeorꝝ ꝰ p emulacōm legis antique ꝰ data in xp̄ianos pacquēdi
auctoritate dirig'ent ꝰ huic illū ad eccl'ie solaciū ꝰ atq; oīum
credenciū ꝰ xp̄s vocaret de celo. Cui' oblo̅c ꝰ sunt a dn̄o eccuti
oculi ꝰ ut suscepta grā veritatis ꝰ celesti acie ⁊ lumine clariore
fulgerēt ꝰ pariterq; adv'teret ꝰ xp̄iani nois particeps futu
rus xp̄m quē p sequebatꝝ ꝰ eccandi illuminādiq; habere
virtutem. In natali sc̄i iuliani epi ⁊ cf' lc p'ma.

Beatus Iulianus ꝰ romana gen'ositate clarissim' ꝰ scītate
pcelebris ꝰ lingua facund' ꝰ iusticia insignis : merito fi
dei ꝰ prim' cenomānice urbē apl's ꝰ est a dn̄o destinat'. Hic g'
vir dei ꝰ cū ad ipam urbē accessiss; intrepid' ꝰ ⁊ novitas p'di
cacōis sūe ꝰ multis v̄beretꝝ in scandalū ꝰ miracl̄orꝝ potēcia red
debat attonitos ꝰ quos ad audiendū ꝰ v̄itatis viam ꝰ vetus
⁊ innat' error effecerat fastidiosos. Per man' cui reverēdi
pontificis ꝰ tantas xp̄s opabatꝝ v'tutes ꝰ ut v̄bo demones
fugaret ꝰ leprosos mundaret ꝰ cunctisq; languētib; opem ꝰ cru
cis medicamine largiretur. ¶ lc. II.

Et cū multi miraclorꝝ dulcedine deliniti ꝰ ⁊ luce fidei radia
ti ꝰ ei' sc̄o ꝯtubernio inhererēt ꝰ eorūq; eis ꝰ de ꝯrehende aq
penuria ꝰ nō modica querimonia ꝰ vir dei ad locū quē sīu
aptū credidit ꝰ accessit. Et cū cuspidem baculi ꝰ quē manu
gestabat ꝰ humi defigeret ꝰ facta oracōe ꝰ subito erupit fons
vivacissimus ꝰ qui ⁊ potenciā divinitatis ostenderet : ⁊ meri
tum beati viri liquido cunctis astantib; demonstraret. Hūc
g'° fontē placuit centomaniū vocitari ꝰ qr exhibicōis eius
gaudio ꝰ multiplicato fidei fenore numerus credenciū cepit
multiplicari. ¶ lc III.

Hic eciā vir dei ꝰ cū ad p'ncipe civitatis ꝰ rogatus accederet
ante ei' ianuā ꝰ obviā habuit quēdā cecū. Qui corā eo
pcūbens ꝰ flagitavit auxiliū. At ille ꝰ invocato xp̄i noīe ꝰ et
crucis imp'sso vexillo ꝰ sub momento illū optate restituit
sanitati. Qd' p'nceps audiens ꝰ festinus accurrit ꝰ genib; sci
advolutꝝ ꝰ supplex orans ꝰ quo particeps vite eterne fieri me
reretur. Filiū eciā anastasii ꝰ a morte ꝰ tamq' a sompno exci
tavit ⁊ cunctis denuo p' gaudio flentib; ꝰ magnū gaudium
⁊ adsequendū xp̄ianitatis religionē incitamētū p'buit. Hiis
⁊ aliis clarus miraculis ꝰ tandē requievit in dn̄o ꝰ cui est ho
nor⁊ gl'ia in sel'a sel'orꝝ amen. In festo sc̄e agnetis secundo
Ambrosius in passione eiusdem. ¶ Et nota qd' hec visio dici
tur contigisse VIII. die : propt' qd'. fit tunc festum sc̄dūo de ea.
¶ lectio prima.

Cum parentes sc̄e agnetis ꝰ assiduis pnoctacoīb; vigila
rēt ad tumulū eius ꝰ viderūt in medio noctis exercitū
virginū ꝰ que oēs aurotextis cicladib; indute ꝰ cu ingenti
lumine p'teribant. Inter quas ꝰ beatissima vident agnem
simili veste fulgentē ꝰ ⁊ ad dexteram ei' agnū nive candidorē.
Stans autē beata agnes ꝰ parentib; dixit. Videre : ne me q̄
si mortuā lugeatis. Set congaudete mecū ꝰ qr cū hiis oīb;
lucidas sedes accepi. Et ptrāsivit. Cū autē hec visio vulga

retur in popl'o factū est tandē ! ut hec ꝯstancie ꝯstantini fi
lie ab hiis qui viderant narraretur.
Erat autē ꝯstancia v'go ! ita obsessa vuln'ibꝫ ! ut nulla
membrorꝰ pars libera remaneret. Spe autē recupan
de sanitatis ! venit ad tumulū bē agnetis martyris licetqꝫ ¶ le II.
pagana ! p'ces tamē fideliū fundebat. Repentino gͣ sompno
arripitur ! et videt agnē beatissimā ! sibi hec monita pferen
tem. Constantꝰ age ! ꝯstancia. Evigilat ! ⁊ fit sana : ita ut
nec signū in eius membris ! alienꝰ vulneris remaneret.
Rev'sa gͣ ad palaciū fecit gaudiū patͥ ⁊ fribꝫ. Coronatur
civitas lītqꝫ leta. Et a militantibꝫ ⁊ p'vatis atqꝫ univ'sis
audientibꝫ infidelitatis venena supantur. ¶ le III.
Int'ea peciit ꝯstancia prēm ⁊ frēs ut basilica. Scē agnetis
ꝯstrueretur. Et sibi illic mansiōū collocari p'cepit. Cucur
rit hec opinio ad oēs ! quotq'ͭ credentes ad eiꝰ tumulū p
venissent sanabantꝛ ! quacunqꝫ infirmitate fuissent detenti.
Perseveravit autē ꝯstancia ! augusti filia ! in v'ginitate.
Per q̄m multe v'gines nobiles ⁊ illustres ! sacra velamina
susceperūt. Et quia fides ! dāpna mortis non patitꝛ ! usqꝫ
hodie multe v'gines romane ! agnē beatissimā q̄si in cor
pore manentē attendūt ! ⁊ exempli eius amore pvocate
in v'ginitate viriliť pseverāt. ¶ In festo scē batildis regine ! le I.
Sancta batildis ! ex saxonū gen'e orta in fran
ciam extitit venundata. Que a viro illustri. Erchinal
do ! quodā francorꝛ p'ncipe recepta ! in ipiꝰ minist'io ! vice
pincerne ! est honestissime ꝯv'sata. In tantū ! itaqꝫ ! laus et
fama eiꝰ cet'is puellis excrevit ut eiusdē p'ncipis uxore mor *fol. 22.*
tua ! ipe eam suo vellet mat'monio copulare. Que latenter
se subtraxit ! cū ad eiꝰ cubiculū vocaretꝛ. Qd' divina factum
est pvidenciaꝰ ! ut ipa nō inventa ! aliā sibi in ꝯiugem socia
ret. Et nutu dei ! que p eiꝰ amore ! p'ncipis nupcias declinaū
at ! clodoveū filiū dagoberti regis francie i ꝯiugē post accepit.
Nupta gͦ batilde ! clodoveo regi francorꝛ ! nobilis ¶ le II.
ex ea soboles pcreatur. Ipa v'o sub scl'ari habitu deo mi
litans ! oracoibꝫ ⁊ pietatis opibꝫ sedule vacabat. Cui ! ipse
rex pie assenciens ! dedit in adiutoriū scm̄ abbatē genesiū
postea lugduni archiepm̄. Dirigebat gͦ p ipm̄ ! ad cenobia
virorꝛ ac v'ginū xp̄i ! largissima mun'a auri ⁊ argenti ! cunc
tisqꝫ paupibꝫ ! deulimonia pvidebat. Post hec ! rex clodoveus
vir eius ! mig'vit a corpore relicta filiorꝛ sobole cū mr̄e. Sus
cepit autē illico post cū ! filius eiꝰ clotarius ! regnū francorꝛ.
Factū ē itaqꝫ nutu dei p eā : ut heresis symoniaca pellere
tur ! ne ullus presul ! pro pcipiendis vel dandis ! gradibꝫ in
eccl'a ! daret aliquid ! vel accipet. ¶ le III.
Deducta a q'busdā regni senioribꝫ dn̄a batildis ! venit ad
monast'iū calense ! qdꝰ fundav'at. Ibiqꝫ a scīs v'ginibꝫ
ut decuit ! honorificē est suscepta. Ubi ! oracoibꝫ ⁊ ieiuniis
devote insistens ! infirmos ⁊ debiles visitando ! oībꝫ ut an
cilla ! minist'iū impendebat ! Tandem ! cepit viscerū vicisio
ne ; gravit' laborare. Appropinqūte vero eiꝰ gl'ioso tāsitu !
visio p'clara ! ei fuit ostensa. Scala erecta videbatꝛ celum
atting'e ! stans ante altare scē marie. Et quasi angl'os dei

habens secū comitantes : dña batildis ascendere videbatꝰ. Ex qua visione : cognovit se q̄ tocius a corpore egressurā : ⁊ ad xp̄m celerit' pventurā. Instante ūo hora mortis : se cruce fidelit' ꝯsignas oculis ac manib; in celū erectis sc̄a ei' anima : a corporis vinculo est soluta. Ad declarandum antē fidelib; : sublime ei' meritū : divina pietas multa mi racula ad ei' opatꝰ sepulcrū.

In festo sc̄e brigide v' le I.

www.ingramcontent.com/pod-product-compliance
Lightning Source LLC
Chambersburg PA
CBHW031801090426
42739CB00008B/1113
* 9 7 8 3 3 3 7 2 4 3 3 8 8 *